MANUAL DE GUITARRA

Aprende a tocar la guitarra con un método sencillo y eficaz explicado paso a paso.

15 ejercicios progresivos + partituras

WeMusic Lab

SUMARIO

INTRODUCCIÓN

Te doy la bienvenida a este curso de guitarra para principiantes, autodidactas o incluso guitarristas que han decidido retomar su instrumento después de una pausa.

En los dos primeros casos, encontrarás excelentes puntos de partida para empezar a entender la teoría, los símbolos y los términos específicos con los que puedes interpretar y tocar una partitura de guitarra, y también experimentarás ejercicios básicos para empezar a familiarizarte y mejorar tu destreza manual. Si, por el contrario, eres un músico "oxidado", este texto podrás utilizarlo como un útil repaso, repasar tus habilidades y, por qué no, recuperar la motivación y la pasión para tocar de forma independiente.

En primer lugar, quiero asegurar que todo el mundo, desde los más jóvenes hasta los más mayores, puede empezar a estudiar un instrumento: cualquiera puede mejorar una cualidad personal a través del estudio, siempre que se haga de forma metódica y continua. En cuanto al método, está claro que para obtener los mejores resultados, siempre hay que acudir a un profesor cualificado y con una buena formación pedagógica que pueda transmitirte toda la información directamente; a falta de esta posibilidad, todavía podemos intentar aprender lo básico y luego perfeccionar la técnica con la ayuda de un profesor, y me gustaría recordar que hoy en día también es posible realizar cursos a distancia a través de Internet.

En cualquier caso, ya podrás aprender teoría musical, indispensable para entender qué "reglas" subyacen a la armonía de las notas, aprenderás por tu cuenta algunos fundamentos para tocar una canción y, por qué no, aprenderás a construir una melodía.

Todo está al alcance de tu mano, sólo recuerda que la música, sea cual sea el instrumento que decidas probar, es un lenguaje y, como tal, debe practicarse para que tu mente y tu mano se coordinen entre sí de forma eficaz. Hay una cita de B. B. King, un gran guitarrista de blues, que citó una famosa frase del violinista Paganini: "Si dejo de tocar un día, me doy cuenta; si paro tres días, mi representante se da cuenta; si paro una semana, mi público se da cuenta".

Es fundamental dedicar tiempo al juego, de eso no hay duda. Cuantas más horas le dediques, más posibilidades tendrás de aprender a mover los dedos con suavidad y seguridad sobre las cuerdas. Para muchos, esto parece casi una imposición, que recuerda al estudio "forzoso" en la escuela, pero en realidad, la guitarra te ofrece la posibilidad de sacar un espacio de tiempo personal en el que dedicarte a ti mismo, a mejorar tu calidad personal. Tocar la guitarra es adictivo porque es un gran placer, la música es muy satisfactoria y, sobre todo con los niños, enseña disciplina, da autoestima y agudiza el sentido de la estética.

Sólo me queda felicitarle por su elección y desearle que estudie bien.

Comencemos.

CAPÍTULO 1

Historia y particularidad de la guitarra

Guitarras en el mundo

Los primeros indicios de la existencia de instrumentos musicales similares a la guitarra, tal y como los conocemos hoy, se remontan al año 1500 antes de Cristo. De hecho, en una tumba egipcia se encontró un objeto similar al "setar" persa, tradicionalmente dotado de una pequeña caja de resonancia y un largo mástil en el que las cuerdas se tensaban en la parte superior mediante sencillos mecanismos de tornillo.

Se dice que el origen del término "guitarra" deriva del griego "kitharà", que luego se convirtió en "cithara" en latín, distinguiendo la "cithara" del instrumento de cuerda conocido como "lira", y que habría tenido un cuenco como caja de resonancia para mejorar su sonido. Sin embargo, la etimología más antigua que influyó en el origen de esta palabra en el mundo clásico procede del imperio de Persia, el actual Irán, donde se pulsaban cuatro cuerdas de seda sobre una caja de resonancia de madera: "chahar" significa cuatro, y "tar" significa cuerda, es decir, "cuatro cuerdas"; la palabra persa pasó más tarde al árabe "qitara" y desde Oriente Medio se extendió al resto del mundo.

Hay que esperar hasta el periodo renacentista para observar una forma similar a la que conocemos, la de las guitarras barrocas, en las que encontramos una caja de resonancia de madera y un mástil en el que se montaban cinco pares de cuerdas para un total de diez.

Desde el mundo oriental, este tipo de instrumento conocido como cordófono punteado se extendió por todo el mundo conocido: A modo de ejemplo, podemos nombrar el sitar en la India, el shamisen en Japón, el laúd en los países árabes, que más tarde se importó a Europa y Asia, y a partir de ahí se desarrollaron diversas variaciones como la domra (de la que deriva la balalaika rusa, la "guitarra triangular"), la vihuela española, la guiterne francesa, la mandolina italiana y muchas otras; paralelamente tenemos cordófonos de percusión como el ancestro del berimbau (brasileño), que luego tomó elementos del laúd y que encontramos en el banjo (americano).

El laúd es el instrumento que probablemente más se acerque a la guitarra barroca y es el progenitor de una concepción del instrumento en la que encontramos elementos antiguos y conocimientos que se desarrollarán en los siglos siguientes a su aparición. De él procede el término "luthier", fabricante o reparador de instrumentos, una categoría de artesanos altamente especializados.

La guitarra, tal como la conocemos, fue producida en la segunda mitad del siglo XVIII por una familia de lauderos napolitanos, concretamente en 1764, cuando Antonio Vinaccia fabricó un instrumento de seis cuerdas de madera de arce (de tamaño más pequeño que los modernos) y este invento fue reproducido con entusiasmo en Turín por la familia Guadagnini y en Cremona por el músico Bergonzi, activo a principios del siglo XIX.

Sin embargo, fue en España donde se introdujeron nuevas mejoras en el diseño, el sonido, el tamaño del mástil y la caja de resonancia. Estas diferencias fueron estudiadas en profundidad por Antonio de Torres Jurado, que entre 1854 y 1862 canonizó la forma de la figura de ocho y la longitud total del instrumento. Mientras tanto, desde una rama de una familia de luthiers austriacos se abrió la ruta comercial hacia Estados Unidos, donde en 1920 el taller de luthiers Martin creó su fortuna fabricando cuerdas de acero. El nuevo instrumento tuvo a partir de aquí su mayor expansión, con evoluciones desde la guitarra clásica a la folk, country y eléctrica.

En resumen: una historia casi tan antigua como la propia civilización humana.

El instrumento de hoy: la guitarra eléctrica

Más recientemente, encontramos otras variantes de este instrumento como el ukelele y, sobre todo, la guitarra eléctrica, que ya no utiliza una caja de resonancia sino un sistema llamado pick-up que absorbe la vibración de las cuerdas y la transforma en sonido en un amplificador. Esta invención se convirtió en el núcleo de algunos de los géneros más importantes nacidos en la década de 1900, como el Jazz y el Rock, y se complementa con nuevas técnicas que son posibles gracias a la particularidad obtenida gracias a tecnologías como las pedaleras, que permiten modificar el sonido y actúan como "interruptores" que se pulsan con los pies (para dejar las manos ocupadas en la guitarra) y distorsionar la nota con efectos programados. Las marcas más populares de guitarras eléctricas, las que suelen asociarse a las mejores bandas de la historia del siglo XX, son Ibanez, Gibson y, sobre todo, Fender, con el icónico modelo 'Stratocaster', uno de los más vendidos (y más imitados) de la historia.

La teoría musical que aprenderás más adelante y muchas de las técnicas que discutiremos se aplican tanto a las guitarras clásicas como a las eléctricas y te permitirán explorar ambos tipos de instrumentos por tu cuenta, si te sientes capaz de hacerlo, pero te recomiendo que empieces con la clásica primero.

Partes de la guitarra

Conozcamos ahora las partes de nuestro instrumento. En este capítulo nos referiremos a la guitarra clásica, el tipo más común y extendido. Los modelos más baratos y básicos se pueden comprar en tiendas especializadas por menos de cien euros, pero también se puede conseguir una buena oferta en Internet, y he visto guitarras a la venta incluso en librerías y tiendas de electrónica, lo que demuestra que este instrumento sigue siendo popular.

La guitarra clásica tiene un cuerpo en forma de ocho y un mástil que culmina en una tapa de forma triangular o trapezoidal en la que se montan los mecanismos de afinación. Cada espécimen, para funcionar correctamente, debe tener:

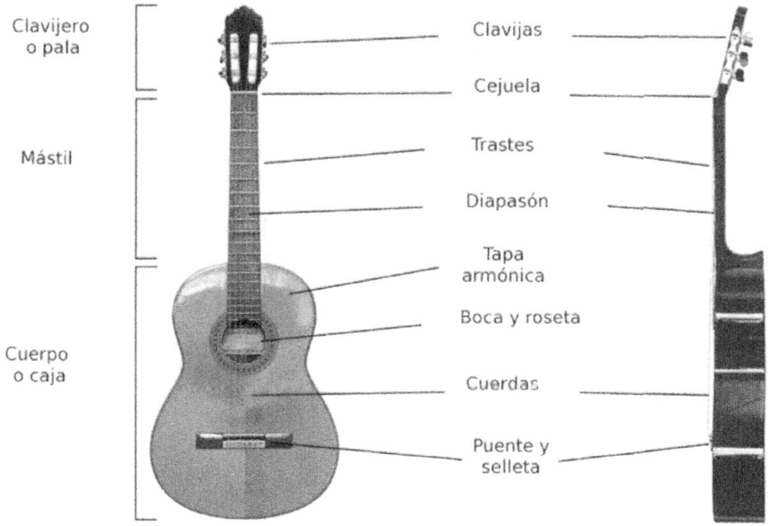

- Caja: es el elemento que podemos identificar como "caja de resonancia", con un cuerpo generalmente de madera de cedro o abeto. La típica forma contorneada permite la postura característica del guitarrista, que se apoya en la curvatura cóncava de la parte inferior y tiene espacio para mover el brazo derecho sobre la otra curvatura.

- Caja de resonancia y encadenamiento: la caja de resonancia es lo que podríamos llamar la tapa perforada de la caja de resonancia de la guitarra. Hay un truco para saber qué esconde la caja de resonancia de una guitarra. Sólo tienes que coger una fuente de luz, como una pequeña linterna de bolsillo (incluso la luz de un teléfono móvil sirve) y ponerla dentro del agujero que hay bajo las cuerdas; si lo haces en una habitación oscura podrás ver el encadenamiento, que es un sistema de listones de madera que encajan y se cruzan bajo la caja de resonancia. Suelen tener una estructura entrecruzada que sirve para evitar la dispersión del sonido y hacer más homogénea su difusión en el interior de la caja, evitando que la madera de la que está hecha "vibre en el vacío".
- Ponticello o puente: es una tira de madera (u otro material, a veces) colocada en la caja de resonancia cerca de la boca, en la que hay que introducir los extremos de cada cuerda a través de unos agujeros o en una clavija en la que hay que anudar y encajar. Las cuerdas así fijadas tendrán que pasar por encima de un listón que las mantiene ligeramente alejadas de la madera (si no, no podrían vibrar), que tiene seis ranuras sólo para que pasen y vayan hacia el mástil.
- Agujero, roseta o rosa: es la abertura de la caja que conecta la vibración de las cuerdas y la cámara de resonancia.
- Cuerdas: las seis cuerdas que se montan en el puente anudando un extremo, pasan por la boca y recorren el mástil hasta que se encajan en las llaves del clavijero. Cada una tiene un grosor diferente, en los juegos modernos tenemos tres cuerdas de metal (que suenan más bajo) y tres de nylon (que suenan más alto). El material y el grosor de este componente determinan el tono del sonido; cuando cada cuerda se toca en plano, dará seis notas: mi, la, re, sol, si y mi. Para distinguir el Mi más alto del más bajo, nos referimos a él como "Mi cantante" que,

al ser también la cuerda más fina, es la que tiende a desgastarse y romperse más fácilmente. Las cuerdas de la guitarra acústica se fabrican específicamente para este tipo de instrumento, son de un material diferente y, por tanto, son las más caras del mercado. Debido al diferente material y grosor, es normal que el sonido de las tres cuerdas más bajas sea más fuerte que el de las tres cuerdas más altas, y que el sonido más bajo dure más que el más alto, que se desgasta antes.

- Cuello, o mástil: soldado a la caja y que culmina en el cabezal, puede estar compuesto por dos capas diferentes de madera de dos fustes distintos, uno para la estructura de soporte y el otro para albergar las teclas del teclado. Sus partes son:

    - Diapasón: nos referimos a él como la parte del mástil en la que se encuentran los trastes, y que parte de la boca y termina en la cejuela. Mientras que el mástil también incluye la parte trasera, donde colocamos la palma de la mano, el diapasón es la parte que es claramente visible para un observador que se encuentre frente a nosotros y es la zona donde vamos a colocar los dedos.

    - Trastes: hay 19, normalmente 20 en la guitarra acústica, pero pueden variar según el modelo. A cada una de ellas le corresponden seis notas, una por cada cuerda.

    - Trastes: dividen los trastes e indican que en el espacio entre dos de ellos (o entre ellos y la cejilla) hay una nota precisa que se encuentra en el traste. Sin embargo, para obtener un sonido más agudo y estético, se debe presionar la cuerda en el traste no hacia la barra más cercana al clavijero ni en el centro del espacio entre las dos barras, sino cerca de la barra más cercana a la boca.

- Cejilla: situada en la parte superior del mástil, suele ser de madera dura, sostiene las cuerdas para que no se peguen demasiado a la madera del mástil; pasando por sus ranuras van hacia el clavijero, donde se pueden afinar.

- Cabezal:
  - Mecánica: son las clavijas en las que se enrollan las cuerdas y en las que se fija uno de sus extremos para que pasen sobre el traste en una posición estándar y así mantener un ajuste preciso a lo largo del diapasón.
  - Llaves: son la parte externa con la que vamos a ajustar los clavijeros, permitiendo que la cuerda se estire como queremos. Basta con girarlos para modificar la tensión de la cuerda.

Otros objetos útiles que debemos conocer son:

- la púa: también conocida como "pluma", generalmente de plástico, puede fabricarse en diferentes grados de dureza y en diferentes formas y tamaños, según el estilo que se vaya a tocar.
- la cejilla móvil, ”cejilla capo pinza”: es un elemento opcional pero que permite afinar la guitarra de forma diferente. Básicamente, se trata de un pico de plástico que presiona las cuerdas sujetándolas al mástil y cambia el sonido del instrumento, permitiéndole trabajar más fácilmente en la parte inferior del diapasón.
- el slide: otro elemento absolutamente opcional pero que a veces se suministra en los juegos de guitarra, consiste en un cilindro de plástico o metal que se coloca en el dedo anular de la mano izquierda para que se deslice sobre las cuerdas que vibran y "distorsione" el sonido, haciéndolo pasar de una nota (o grupo de notas) a otra pero difuminándolo con los sonidos intermedios del diapasón.

- el taburete para los pies: para conseguir una postura correcta, muchos profesores recomiendan coger un taburete en el que apoyar el pie izquierdo para conseguir una postura que no fuerce las piernas ni la espalda.
- Puede ser útil comprar un afinador o conseguir una aplicación para el teléfono móvil que te ayude con la afinación.

Por último, presentamos una de las herramientas más útiles en todo el mundo de la música, un objeto que cruza la frontera entre la teoría y la práctica musical y que sirve para entender el ritmo para cualquier instrumento: el metrónomo. En el mercado se pueden encontrar unos de buena calidad por unas decenas de euros, pero también hay aplicaciones para móviles e incluso páginas con un 'metrónomo online'. El metrónomo no hace más que mantener un ritmo fijo llamado "BPM", un acrónimo que significa "Beat Per Minute". Más adelante veremos su utilidad para estructurar el tempo de una canción y cómo interpretarlo en la interpretación.

Cómo elegir una guitarra para los principiantes

Digamos que aún no tienes un instrumento, sino que piensas comprar uno. ¿Por dónde empezar?

Pues bien, el consejo que puedo darte aquí es, en primer lugar, que evalúes tu presupuesto de gastos y no te excedas: un instrumento muy valioso requiere mucha atención y tiene un sonido muy agudo, por lo que es más adecuado para un usuario experimentado. Es mejor aspirar a un instrumento más modesto, incluso a un precio reducido, pero no te aconsejo que te lances a la oferta que se puede encontrar incluso en tiendas no especializadas. Tu primera guitarra debe permitirte tocar, pero no tendría sentido esperar un sonido particular o cristalino de inmediato, pero no te conformes con una de mala calidad cuyos afinadores no tensen bien las cuerdas, por ejemplo: por lo tanto, considera la posibilidad de comprar una guitarra de segunda mano, a menudo se pueden encontrar gangas interesantes; no hay nada malo en aprovechar un descuento, cuando está disponible, pero ten cuidado con las reducciones de precio demasiado pronunciadas. Algunas personas recomiendan empezar con la guitarra eléctrica porque, una vez afinada, sería más fácil sacar el sonido: aunque esto es cierto, en mi experiencia es mejor empezar con la guitarra clásica y luego pasar a la eléctrica. Al principio sí se cometen errores, es fisiológico y normal y no debe ser un obstáculo, pero la guitarra eléctrica puede ser "frustrante" porque amplifica el sonido de cada error que se suele cometer en los primeros ejercicios. Además, muchas técnicas de la guitarra clásica y la eléctrica divergen en su ejecución porque, entre otras cosas, la guitarra eléctrica permite sostener la nota y hacer más matices, pero también es más difícil para un principiante tocar a mano alzada (sin púa). Otro factor importante es su necesidad de conectarse a una toma de corriente y a un amplificador: es un gasto extra, consume energía, y siempre hay que tener el equipo completo para poder tocar la guitarra eléctrica: está muy bien si se tiene ese espacio, pero la guitarra clásica tiene la ventaja de ser más fácilmente transportable sin muchos accesorios voluminosos.

Discurso aparte merece la guitarra acústica: al igual que la clásica, tiene un mástil más ancho que la eléctrica y conserva algunas características similares en su estructura, tiene 20 trastes en cambio de 19, tiene una caja que capta mejor el sonido pero, en vez de ser de nylon, las tres cuerdas para las notas más agudas son también de metal; dadas estas particularidades, se recomienda para usuarios más experimentados y puede ser una alternativa válida para el estudio, una vez aprendidos los rudimentos de la teoría.

CAPÍTULO 2

Postura y agarre

Es obligatorio tomar ciertas precauciones para una postura correcta en la fase previa. Nuestro objetivo no es sólo tocar de forma correcta, sino también preservar las articulaciones, que de otro modo corren el riesgo de sufrir fatiga o incluso problemas como la tendinitis, causados por una postura desequilibrada que obliga a realizar múltiples tensiones para sostener el instrumento y tocarlo.

En primer lugar, hemos dicho que puede ser útil tener un reposapiés, un taburete o un elevador sólido con el que mantener una pierna ligeramente más alta que en el suelo. Nuestra intención es mantener la espalda lo más recta posible, mientras que hay una tendencia (especialmente para los principiantes) a inclinarse hacia adelante.

Las cadenas cinéticas musculares que obligan a una posición corporal incorrecta no parten de la espalda, sino de la necesidad de esfuerzo y concentración que la mente aporta al trabajo de la mano: esto significa que una posición incorrecta de los dedos también puede aumentar los problemas articulares. Para entender mejor de qué estamos hablando, hay que imaginar que el pulgar debe estar libre para deslizarse por detrás de la empuñadura, sin aferrarse a la parte superior y sin presionar en exceso: el mayor trabajo lo realizan las yemas de los dedos índice, medio, anular y meñique, y esta tensión debe afectar lo menos posible a la muñeca, que en cambio debe ser suave.

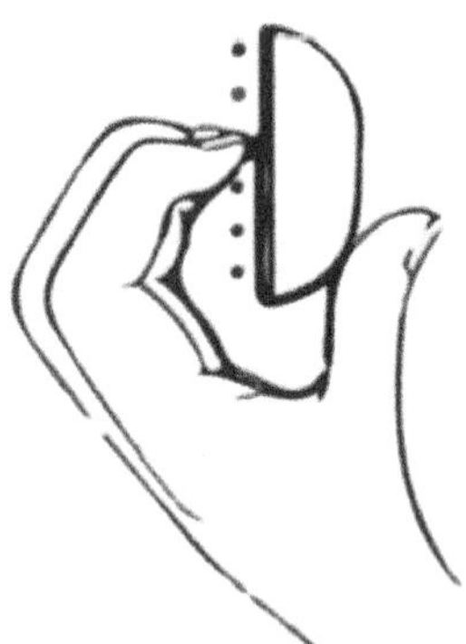

A la luz de lo dicho hasta ahora, intenta coger la guitarra sentado (preferiblemente en una silla o taburete, sin recostarte en un sillón, lo que haría que tu peso se fuera hacia atrás) y trata de equilibrar la guitarra para que veas cómo se distribuye su peso y cómo equilibrarla sobre tu pierna, cuánta energía necesitas para mover los brazos sin demasiado esfuerzo.

Consejos de agarre para zurdos

¿Eres zurdo? Sin miedo. Hay guitarras estructuradas especialmente para ti, en algunos modelos hay diferencias en la caja de resonancia, tienes que montar las cuerdas de una manera especial y en general tienes una disposición de las partes del instrumento en espejo. En la guitarra eléctrica, es posible que haya que cambiar las posiciones de las pastillas y la disposición de las cuerdas, pero en general no hay diferencias particulares.

Sin embargo, si estás empezando, no hay ninguna razón por la que no puedas aprender a tocar la guitarra con la mano derecha: es un instrumento que se toca con las dos manos y es una pura convención que se pulsen las cuerdas con una mano y se presione el diapasón con la otra. No hay ninguna "habilidad específica" de un lado del cuerpo que imponga un determinado gesto sólo en un lado, así que mi consejo es que intentes tocar una guitarra para diestros. Digo esto porque de esta manera podrás tocar instrumentos, tendrás una mayor oferta de modelos en el mercado, pero también podrás pasar una guitarra y seguir tocando sin tener que desmontar, volver a montar y afinar las cuerdas.

Sin embargo, si ya estás acostumbrado a usar una guitarra para zurdos, basta con "voltear" las posiciones de las imágenes y adaptar la misma digitación para la mano derecha, teniendo en cuenta el número de cuerdas y trastes adaptados.

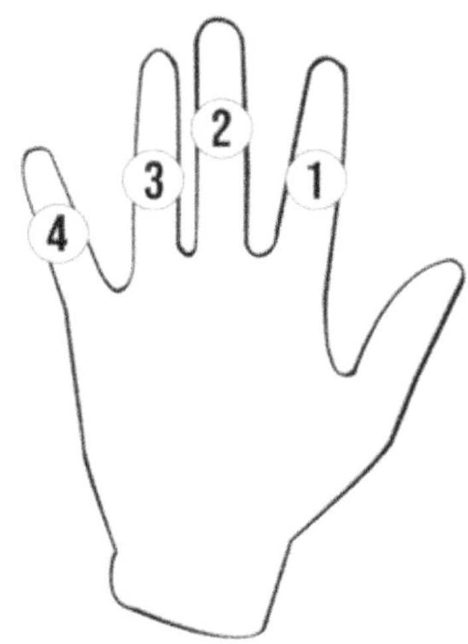

Cómo afinar la guitarra

Si le preguntas a un guitarrista profesional, te dirá que esta operación es una de las más típicas de su oficio. Afinar la guitarra puede parecer complejo para un observador externo, pero en realidad es más sencillo de lo que parece.

Mi consejo es que pruebes un afinador: el precio de uno puede oscilar entre los 10 y los 30 euros, detecta el tono y, por tanto, puede ser útil para llevar las cuerdas al punto correcto. Recuerde que para tensar las cuerdas, basta con mover el mecanismo de afinación del clavijero girando la llave correspondiente a la cuerda que desea afinar, yendo en sentido contrario a las agujas del reloj para tensarla y en sentido de las agujas del reloj para suavizarla. Al tocar la cuerda en bemol, el afinador nos dirá qué nota estamos tocando; si por ejemplo tocamos mi pero el afinador nos indica en la pantalla que el sonido tiende a re tendremos que estirarlo y hacer la nota más alta, si en cambio tiende a fa tendremos que hacerla más baja.

Otros afinadores eléctricos nos muestran (al tocarlo) la nota que se supone que debemos escuchar cuando hacemos vibrar las cuerdas en plano; también podemos encontrar aplicaciones móviles y recursos online gratuitos que nos permiten identificar el sonido correcto y ajustarlo.

Por último, y de todos modos es la forma en que tendrás que aprender a afinar tu instrumento de forma independiente, puedes proceder a ajustar las teclas empezando por el sonido A. En primer lugar, recordemos que cuando hablamos de cuerdas, nos referimos a ellas numerándolas de abajo a arriba, desde el Mi cantino (la primera cuerda) hasta el Mi grave (la sexta cuerda). Es una nota fundamental, la misma para la que podemos utilizar objetos que producen un La perfecto como los diapasones. El la corresponde al sonido de la quinta cuerda tocada en bemol, pero también al del quinto traste de la sexta cuerda, el mi grave. Si tocamos La en el quinto traste de la sexta cuerda y la quinta cuerda descargada, obtendremos el mismo sonido, de lo contrario tendremos que ajustar la tensión de las cuerdas con las llaves. Podemos proceder pulsando el quinto traste de la quinta cuerda y la cuarta cuerda bemol, obteniendo el Re, luego el quinto traste de la cuarta cuerda y la tercera cuerda bemol, obteniendo el Sol, el cuarto traste (único caso en el que se toca el cuarto y no el quinto traste) de la tercera cuerda y la segunda cuerda bemol para obtener el Si. La cantinela de mi puede afinarse coincidiendo con el mi grave o coincidiendo con el quinto traste de la segunda cuerda y la primera tocada en bemol. Es fundamental que en el quinto traste de la sexta cuerda suene un La y luego, a partir de ahí, será fácil encontrar las demás, empezando por la cuerda Mi grave y siguiendo con los sonidos más agudos.

La mano derecha y la mano izquierda en la guitarra

Se presta mucha atención a lo que hace la mano izquierda (para los diestros, para los zurdos acostumbrados a los instrumentos será obviamente la mano derecha), y muy poca a lo que hace la mano derecha. También nosotros, por comodidad a la hora de ilustrar las técnicas, vamos a utilizar un sistema sencillo que casi sólo implica la actividad de la mano que pulsa las cuerdas en el teclado. Sin embargo, es la mano derecha la que da el "color" al sonido, punteando o dando la púa, y su intensidad, fuerza y velocidad determinan la forma de tocar la melodía. El error más común, al principio, es mantener la posición de la muñeca extremadamente rígida y tensar mucho el antebrazo, pero con el tiempo hay que aprender a relajar los dedos al máximo y aprender a repartir el esfuerzo por toda la cadena cinética del brazo; sobre todo, es importante recordar que debido a la característica muscular de la mano, tenemos tendencia a contraernos (a agarrar y sujetar) más fácilmente que a relajarnos. Piensa en el gesto de la mano derecha como una actividad en la que ahorrar energía: menos esfuerzo, sólo cuando sea necesario.

Un poco de ejercicio

Para familiarizarte con tu instrumento, ahora que está perfectamente afinado, puedes probar a tocar una cuerda cada vez con la púa en bemol. Ahora, mientras presionas con un dedo de tu mano izquierda (derecha, si has decidido utilizar una guitarra con configuración para zurdos), intenta conseguir el sonido de la primera nota del traste con tu dedo índice, pasando de la sexta cuerda (el Mi grave, la más alta del diapasón) a la primera cuerda (el Mi cantino, la más baja). A continuación, prueba a tocar el segundo traste de la sexta cuerda, luego el segundo de la quinta y así sucesivamente hasta el Mi cantino, con el dedo corazón. A continuación, utiliza el dedo anular para las notas del tercer traste de las seis cuerdas, de la más grave a la más aguda, y finalmente con el dedo meñique las notas del cuarto traste de cada cuerda, siempre de arriba a abajo.

Cuando creas que has encontrado la posición correcta en la que no tensas demasiado la muñeca, puntea la cuerda correspondiente; separa el dedo y pasa a la siguiente cuerda y completa todas estas posiciones. Fíjate en que es más fácil utilizar los dos primeros dedos, índice y medio, que los dos últimos, anular y meñique.

Esto es normal, yo diría que fisiológico, pero hay que aprender a gestionar la intensidad del sonido y conseguir que sea homogéneo independientemente del dedo que se utilice, y para conseguirlo necesitamos un periodo de práctica lo más continuado posible, tocando sólo la cuerda que pretendemos tocar y evitando tocar el resto con los dedos.

La mano derecha: postura y ejercicios

La mano derecha, en la configuración de la mano derecha, da el sonido, establece el timbre, la intensidad y la fuerza de la nota y, por lo tanto, no es secundaria. Para obtener un buen sonido y no incurrir en errores graves (que pueden derivar en molestias y dolores articulares) debemos mantener una postura ligera, en la que el antebrazo derecho descanse sobre la maleta, más o menos por debajo del codo, para tener libertad de movimiento pero también para recibir apoyo y no "colgar" o contraerse innecesariamente. Los dedos deben estar cerca de las cuerdas, pero no hay que acostumbrarlos a estar en contacto constante con ellas: las yemas de los dedos o las uñas sólo deben tocar las cuerdas cuando tengan que puntearlas, para el resto deben permanecer en una posición relajada y estar ligeramente doblados hacia la palma de la mano. En algunas partituras se pueden encontrar indicaciones de digitación para que encontremos qué cuerdas deben ser tocadas por el pulgar (p), el dedo índice (i), el dedo medio (m) y el dedo anular (a), mientras que el dedo meñique no suele utilizarse. Esta división facilita tocar las tres cuerdas de las notas más graves (cuarta, quinta y sexta) con el pulgar y mantener los otros tres dedos de la mano derecha digitando cada uno en una de las tres cuerdas restantes. De esta forma podemos tocar las posiciones de los acordes que veremos más adelante tocando una nota cada vez con la técnica conocida como 'arpegio', en la que puntearemos en secuencia primero con el pulgar y luego con los otros dedos.

Ahora, para familiarizarte con el instrumento y la postura, intenta realizar un ejercicio básico. Pon un metrónomo a una velocidad no muy alta, como 60 BMP, encuentra la postura correcta de tu espalda y mano derecha (no uses la mano izquierda, por ahora) e intenta tocar el Mi grave (sexta cuerda) con el pulgar, la tercera cuerda (el Sol) con el dedo índice, la segunda cuerda (el Si) con el dedo corazón y la primera cuerda (el Mi cantado) con el dedo anular.

Para completar este arpegio sobre el acorde de mi menor, intenta pensar en esta melodía como ascendente (yendo hacia las notas más altas) y descendente (volviendo hacia la nota más baja): la sucesión será entonces esta:

Mi – Sol – Si – Mi (cantino) – Si – Sol – Mi
(p) – (i) – (m) – (a) – (m) – (i) – (p)

Si estás familiarizado con la música rock, probablemente reconozcas la intro de la famosa canción "Nothing Else Matter" de Metallica.

La púa

Muchos manuales de guitarra pasan por alto este objeto y, por alguna razón, dan por sentado que todo el mundo sabe utilizarlo. La púa es probablemente uno de los mejores aliados de los músicos, especialmente de los principiantes, y en general es el accesorio que se considera indispensable para ciertos géneros musicales más modernos como el Rock, ya que permite controlar la intensidad de la vibración sobre la cuerda. La velocidad es una de las principales características del Rock, el Jazz, el Hard Rock, el Heavy Metal, el Hardcore Punk, géneros en los que la frecuencia de BPM puede ser muy alta, y por esta razón se han creado muchos tipos de púas que se adaptan a los diferentes sonidos. Por lo tanto, no todas las púas son iguales, algunas son más duras otras más suaves, y la diferencia se traduce en una mayor capacidad para tocar notas de una sola cuerda con más precisión o para tocar las cuerdas juntas más rápidamente en una secuencia de acordes. Suele haber tres tipos de púa: suave, media y dura.

La capacidad de tocar muy rápido con la púa no es casual y se adquiere con la práctica, por lo que mi consejo es empezar con una sola púa. La púa tiene forma triangular, suele tener una base redondeada y una punta; debe agarrarse apretándola entre el pulgar y la segunda falange del dedo índice para dejar la punta expuesta para golpear las cuerdas. El error más común es agarrarlo como si pudiera "resbalar" de la mano, pero en su simplicidad está diseñado de tal manera que no se pierde.

Después de encontrar tu púa (del tamaño que mejor se adapte a tu tamaño de dedo) como ejercicio básico te recomiendo que te pongas en posición, pongas el metrónomo y toques todas las cuerdas una a una con una simple púa. Después de repetir este ejercicio unas diez veces, intenta obtener un sonido más suave: por hacer una analogía, la guitarra ha estado hasta ahora "hablando" a un volumen normal, y ahora intentarás hacerla "susurrar". Después de esta variación, intente obtener un sonido fuerte en su lugar. Observa si tienes alguna dificultad o tensión excesiva y recuerda relajar la muñeca, el codo y el hombro. Por último, intenta repetir el arpegio de la introducción de "Nothing Else Matter" (las notas del acorde de mi menor) pero esta vez utilizando la púa.

¿Dedos, uñas o plectro?

Se dice que para saber si alguien está estudiando la guitarra, sólo hay que mirar las manos: la mano izquierda tiene las uñas cuidadosamente recortadas y limadas, la derecha las tiene largas y cuidadas (a menos que sólo se use una púa).

Tanto si uno toca la guitarra clásica como la acústica o la eléctrica, habrá algunas piezas que se adapten mejor a ser tocadas con la púa y otras con los dedos libres. Si en general la mano izquierda, la que toca los trastes del mástil, debe mantener las uñas cortas para permitir que la yema del dedo presione bien el traste, la mano derecha puede tener unos milímetros de uña extra para facilitar el punteo de la cuerda.

Esta necesidad puede no gustar a todo el mundo, por razones estéticas o por molestia personal, algunas personas intentan pulsar las cuerdas con la punta de los dedos, pero usted mismo se dará cuenta de que el sonido cambia, aunque sea ligeramente. Nadie te obliga a tener las uñas cortas o largas, al menos en lo que se refiere a la mano que puntea la cuerda con o sin ayuda de una púa. Sin embargo, para tocar correctamente con la mano izquierda, te aconsejo encarecidamente que mantengas las uñas cortas: el riesgo es no tocar bien o inducir posiciones antinaturales que a la larga pueden causar molestias en las articulaciones de la mano. ¿Y si alguien no quiere que le crezcan las uñas en la mano derecha, pero quiere probar a estudiar guitarra clásica? No hay problema: existen en el mercado "picos de anillo" especiales, anillos para colocar en la última falange de los dedos que se completan con lengüetas de plástico o metal, extensiones artificiales de los dedos cuya función es precisamente imitar una uña. En las tiendas online especializadas se encuentran bajo el nombre de "guitar finger pick", un juego puede costar unos diez euros, y no faltan soluciones extravagantes y coloridas. Sin embargo, este tipo de arreglo parece un poco extraño e incluso antinatural para los "puristas" de la guitarra clásica, pero no es una cuestión en la que haya que detenerse ahora. Encuentre la solución con la que se sienta más cómodo.

CAPÍTULO 3

Teoría musical para la guitarra

Para tocar un instrumento (cualquier instrumento) correctamente, es necesario comprender las reglas básicas de la música. Cuando, por ejemplo, hablamos de "acordes musicales", nos encontramos con grupos de notas (tres o cuatro) que al ser tocadas al mismo tiempo crean una armonía: el resultado es agradable al oído y, sobre todo, al concatenarse en una secuencia de acordes, da un determinado mensaje emocional que se adapta mejor a un determinado tipo de intención artística que el compositor quería transmitir. Estos vínculos entre las notas no son aleatorios, sino que son el resultado de un estudio que podemos aventurarnos a definir como científico y matemático: un músico toca una nota precisa en un momento preciso con un propósito, teniendo en cuenta la relación entre la nota (o grupo de notas) y las demás notas de las que se compone la pieza. Lo mismo puede decirse de las escalas, los arpegios, el fraseo, los giros armónicos y cualquier otro tipo de interpretación con la que se pueda trabajar: la distancia entre los tonos de las notas de la escala cromática parece casi innata y percibimos cuando las notas se tocan "maravillosamente" o cuando hay algo que no suena bien, en cuyo caso sabemos instintivamente que estamos "desafinados".

También podemos decir que existen distancias fijas entre las notas y que afinamos los instrumentos, incluida la guitarra, siguiendo este sistema.

Mucha gente piensa que algunas personas nacen con talento para la música y que quienes no lo tienen no pueden disfrutar del placer de tocar o cantar, pero esto es esencialmente falso, y estas nociones nos permiten comprender que la música es ante todo un lenguaje: una vez comprendidas sus "reglas gramaticales", se puede escuchar y tocar con gran satisfacción, sólo hace falta un poco de paciencia.

Lectura de la música

Veamos un pentagrama: por utilizar una analogía, es el equivalente a una página de un libro, pero diseñada para la música. El pentagrama, que consta de cinco líneas, lleva signos: la clave de sol, números que nos indican el tempo a seguir y el ritmo sobre el que se ha concebido la melodía, barras verticales que dan la indicación rítmica porque, entre dos de ellas, encontraremos un espacio de tiempo conocido como "compás" (que entenderemos mejor más adelante) y, sobre todo, signos que representan las notas.

La clave nos da alguna indicación de la afinación a tener en cuenta; en lo que respecta a la guitarra, no necesitamos referirnos a ninguna otra clave que no sea la del violín.

Junto a la clave podemos encontrar la indicación de ritmo y tempo a través de un número que aparece como "fracción matemática": 2/2, 3/4, 4/4 y así sucesivamente. En esta fracción encontramos el número de tiempos a tocar dentro del compás, es decir, las dos barras verticales que dividen el pentagrama de forma ordenada y regular y dentro de las cuales las notas respetan estos valores y proporciones. Una nota puede abarcar varios tiempos o una fracción de ellos, pero el tiempo que ocupa llena precisamente el número de BPM (que podemos calcular con el metrónomo) indicado en la fracción. Puede parecer, complicado, pero más adelante explicaremos cómo abordar el tempo, el ritmo y sobre todo poner en práctica lo aprendido.

Volviendo al pentagrama, cuando encontramos la clave de sol significa que la fila más baja es Mi, luego subiendo encontramos Sol, Si, Re y Fa, y es bastante fácil adivinar que también se pretende una progresión como notas cada vez más altas. En los espacios intermedios, siempre hacia arriba, encontramos F, A, C y E. Las notas pueden escribirse ocupando uno de estos espacios o también por encima y por debajo del pentagrama, "simulando" las líneas que faltan por debajo de Re en la parte inferior o de Sol en la superior. Las notas que se escriben arriba tienen una forma específica para determinar su longitud dentro del compás. En la siguiente imagen encontramos los signos y su valor temporal, que se reduce a la mitad cada vez, de modo que tenemos una semibreve, que equivale a dos mínimos; el mínimo equivale a dos semiminimos; el semiminimo equivale a dos corcheas; una corchea equivale a dos semicorcheas; una semicorchea equivale a dos corcheas.

De manera similar, encontramos la subdivisión de las pausas. Los signos gráficos relativos al silencio (que veremos a continuación) indican una duración de la pausa igual al signo de la nota a la que se asocian por su nombre: la pausa de semibreve es tan larga como una semibreve, la pausa de corchea tan larga como una corchea, etc. Las pausas se utilizan para interrumpir la melodía en un momento determinado y dar una sensación precisa del ritmo que se mantiene.

De manera similar, encontramos la subdivisión de las pausas. Los signos gráficos relativos al silencio (que veremos a continuación) indican una duración de la pausa igual al signo de la nota a la que se asocian por su nombre: la pausa de semibreve es tan larga como una semibreve, la pausa de corchea tan larga como una corchea, etc. Las pausas se utilizan para interrumpir la melodía en un momento determinado y dar una sensación precisa del ritmo que se mantiene.

NOME	NOTA	DURATA	PAUSA
BREVE (BREVIS)	𝅜	4/2	𝄺
SEMIBREVE (SEMIBREVIS)	𝅝	2/2	𝄻
MINIMA	𝅗𝅥	1/2	𝄼
SEMIMINIMA	𝅘𝅥	1/4	𝄽
CROMA	𝅘𝅥𝅮	1/8	𝄾
SEMICROMA	𝅘𝅥𝅯	1/16	𝄿
BISCROMA	𝅘𝅥𝅰	1/32	𝅀
SEMIBISCROMA	𝅘𝅥𝅱	1/64	𝅁

Nomenclatura italiana y anglosajona

Por una convención ya centenaria, los nombres de las notas individuales (tomados de un himno a San Juan Bautista) se ponen así:

Do – Re – Mi – Fa – Sol – La – Si – Do

DO RE MI FA SOL LA SI DO

El rango de sonidos que va de un Do a otro en esta escala se llama octava porque comprende ocho notas. En realidad, hay cinco sonidos entre C y D, entre D y E, entre F y G, entre G y A, y entre A y B. Estos sonidos a caballo entre dos notas se denominan "sostenido" (si se refiere a la nota más alta del par) o "bemol" (si se refiere a la más baja); así, por ejemplo, La bemol y Sol sostenido suenan igual y se tocan en la misma tonalidad.

Los anglosajones no utilizan la misma nomenclatura que nosotros, y es habitual encontrar partituras de guitarra con notas indicadas por letras del alfabeto. Por lo tanto, encontramos tales equivalencias:

Do Re Mi Fa Sol La SI
C D E F G A B

o viceversa:

A B C D E F G
La Si Do Re Mi Fa Sol

La estructura del tiempo musical: el período y sus componentes

La canción se compone de elementos que podemos dividir y que, de alguna manera, hacen que la canción sea reconocible incluso a través de sólo un fragmento de la misma. Los compositores (sobre todo los mejores) consiguen imprimir su "carácter" a sus composiciones, y los melómanos y expertos pueden identificar al autor a partir de una de estas porciones aparentemente muy pequeñas.

El pie, o aparte, suele coincidir con el contenido de un solo compás; dos pies forman una semifrase; dos semifrases forman una frase; dos frases forman un período. Cada una de estas partes nos da mucha información sobre el tipo de canción, su ritmo y sus acentos.

EJEMPLO DE PERIODO MUSICAL

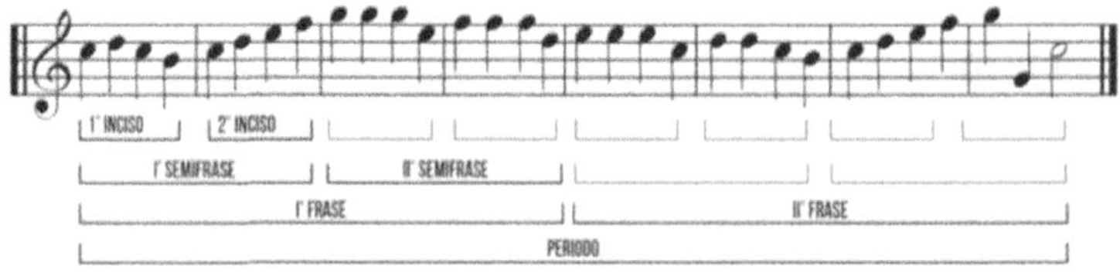

Símbolos complementarios en el pentagrama

Otros símbolos se refieren a la prolongación de la nota, a su interpretación dentro del compás, a la variación de semitonos (la "bemolle" o "diesis" que veremos más adelante en el apartado de los intervalos musicales) la ligadura entre dos o más notas.

Una "corona" (símbolo que se asemeja a un pequeño arco con un punto sobre la nota en el pentagrama) indica la posibilidad de prolongar la nota según el gusto personal del músico que interpreta la pieza.

En cambio, un arco entre dos notas indica un vínculo entre ellas y se denomina "ligadura": significa que la interpretación debe mantener cierta fluidez y no dejar un "vacío sonoro" entre las dos notas. La "ligadura de valor" implica que hay continuidad entre dos notas iguales, con la duración del sonido indicada en la partitura; es diferente de la "ligadura de frase", un tipo ideal de continuidad entre notas diferentes.

Si, por el contrario, encontramos un punto junto a la nota, de nuevo en el lado derecho, tenemos un "punto de valor", cuyo objetivo es precisamente aumentar el valor de la nota a la mitad. A veces tenemos dos notas, una de las cuales es la mitad del valor de la anterior, unidas con una ligadura y obtenemos la misma intención del punto de valor. Si, por ejemplo, tenemos una mínima ocupando la posición del sol en una partitura de cuatro cuartos, ésta ocupará dos tiempos de los cuatro previstos en un compás (porción entre dos líneas de compás en el pentagrama), pero con un punto de valor el número de tiempos será de tres, es decir, una mínima y una media. Por lo tanto, tendremos un sol que dura tres tiempos en lugar de dos. Del mismo modo, si tenemos una semicorchea con un punto a la derecha, ésta valdrá una semicorchea más una corchea, y así sucesivamente.

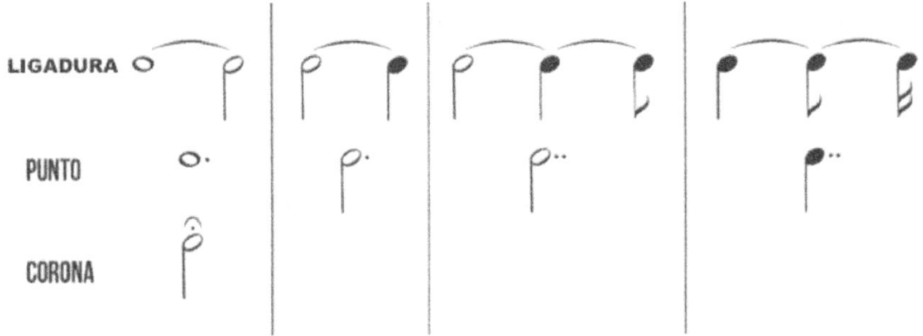

Otros símbolos que podemos encontrar están relacionados con los acentos. Un acento puede tener varios significados, pero por muy intuitivo que parezca, no indica tocar "más fuerte", sino hacer que una nota sea más aguda, más nítida y más importante que las demás.

Esto puede hacerse tocando una nota como si estuviera separada del grupo en el que se encuentra, punteando la cuerda de forma más brusca o dándole énfasis de otra forma. Algunos profesores de música lo explican diciendo que no hay que tocar la nota como si fuera a ser tocada con fuerza, sino "pensar en ella como acentuada" o con alguna particularidad que ahora veremos en detalle.

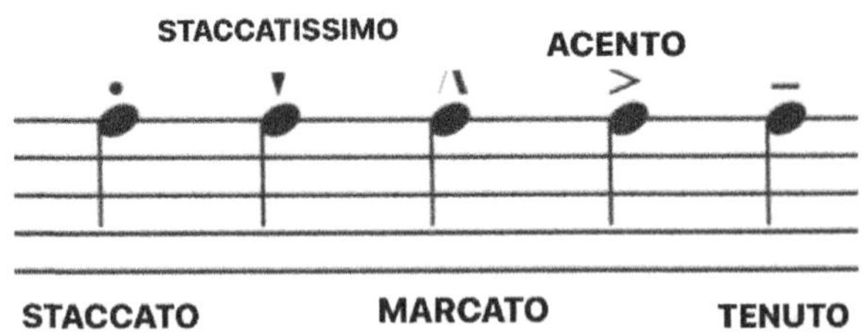

El acento en staccato "isla" la nota sobre la que se coloca (un punto por encima o por debajo de la nota) de la nota siguiente.

El acento staccatissimo, dibujado como un triángulo alargado en negrita con el vértice apuntando por encima o por debajo de la nota o una línea vertical, requiere aún más separación de la nota siguiente.

El acento "marcato", cuyo símbolo es una "V" invertida sobre la nota, es el único acento que requiere mayor fuerza en la ejecución de la nota.

El “acento”, se dibuja como una "V" horizontal (como en el signo ">") y es el acento rítmico más común.

El acento "tenuto" o "llevado" indica la idea de una ejecución de la nota sobre la que se escribe mediante una línea horizontal por encima o por debajo, y debe transmitir la ausencia de fuerza, sino más bien de relajación; también puede asociarse a anotaciones en la partitura que sugieran otras particularidades como:

- Rallentando
- Accelerando
- Vivace
- Presto
- Prestíssimo
- A tempo (vuelve al andamento original)

Estos acentos pueden usarse simultáneamente, por lo que podemos tener un acento 'hammered staccato', o un 'marcato portato affrettando', etc.

Ahora que los conoces, puedo decirte que todas estas marcas de acento sirven para definir otra parte importante de la teoría musical: el ritmo.

Sabemos que en un mismo compás podemos derivar un determinado número de tiempos a partir del número indicado al principio de la partitura como fracción matemática, por lo que podemos tener la indicación del tiempo con las siguientes cuatro formas: binaria, ternaria, cuaternaria y mixta.

- Binario: 2/2 , 2/4 , 2/8
- Ternario: 3/2, 3/4, 3/8 ,
- Cuaternario: 4/2, 4/4, 4/8
- Mixto: donde se pueden mezclar algunos de estos acentos e incluir varios de los anteriores de forma sucesiva, obteniendo por ejemplo 5/4.

Teniendo en cuenta lo que sabemos, podemos ver el acento como parte de la estructura del periodo musical en función del tempo que tengamos que tocar. El tipo de énfasis que debemos impartir a las notas puede ser débil, fuerte o mezzo forte, donde por "mezzo forte" se entiende una medida media, es decir, más fuerte que la "débil" pero no tanto como la "fuerte".

- En las secuencias binarias el acento será fuerte en la primera nota y será débil en la segunda;
- en las secuencias terciarias el acento será fuerte en la primera nota y será débil en las otras dos;
- en las secuencias cuaternarias el acento será fuerte en la primera nota, débil en la segunda, medio fuerte en la tercera y débil de nuevo en la cuarta.

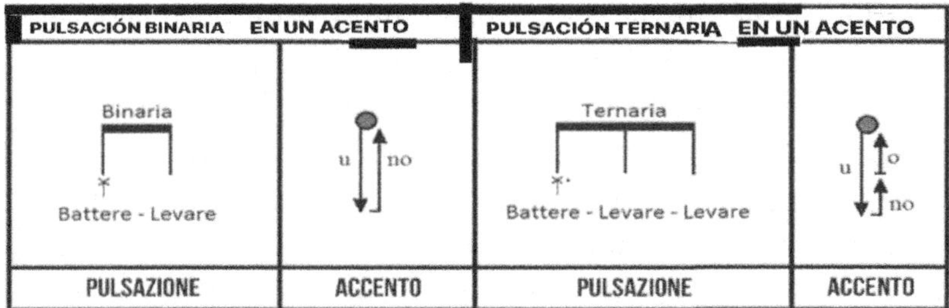

TIEMPO	ACENTOS	TIEMPO	ACENTOS
1/4	f	3/8	f
2/4	f d	6/8	f d
3/4	f d d	9/8	f d d
4/4	f d mf d	12/8	f d mf d

f = forte
mf = mezzoforte
d = debole

Intervalos musicales: tono y semitono, bemol y sostenido

Intervalo, en la lengua italiana, describe un lapso de tiempo, pero en un sentido amplio también puede definir una distancia física. En la jerga musical, la distancia entre dos sonidos (también llamada "amplitud") se denomina "intervalo". Este intervalo puede ser un semitono o un tono. La distancia de semitono, en la escala de Do mayor, está a caballo entre Mi y Fa y entre Si y Do, por lo que no tenemos un sonido intermedio; entre todas las demás notas contiguas entre sí, tenemos una distancia de un tono, y esta distancia contiene un sonido "extra". En otras palabras: entre la nota y el sonido intermedio hay una distancia de un semitono, entre dos notas "divididas" por el sonido intermedio hay dos semitonos, cuya suma es un tono.

Teniendo esto en cuenta, podemos decir que hay doce notas totales en una octava de Do mayor, en la que nombramos las cinco "notas intermedias" que encontramos en las distancias de un tono, ya sea refiriéndonos a la nota del traste más cercano al clavijero (sonido más grave) como "sostenido" (♯) o al traste más cercano a la caja (sonido más agudo) como "bemol" (♭). El sostenido "aumenta" en un semitono la nota más grave del par en el que encontramos el intervalo de un tono, el bemol "disminuye" en un semitono la nota más aguda de las dos entre las que encontramos un tono completo. Por lo tanto, tendremos:

Do, Do#, Re, Re#, Mi, Fa, Fa#, Sol, Sol#, La, La#, Si

O también

Do, Re♭, Re, Mi♭, Mi, Fa, Sol♭, Sol, La♭, La, Si♭, Si

De ello se desprende que las siguientes parejas representan el mismo sonido:

Do♯ – Re♭

Re♯ – Mi♭

Fa♯ – Sol♭

Sol♯ – La♭

La♯ - Si♭

Nos referimos a los intervalos como amplitudes regulares entre dos notas, que tienen distancias "racionales" entre ellas, si se puede decir así, porque observamos que éstas respetan una secuencia lógica que tiene su propia ley matemático-física: las frecuencias, para estar sistemáticamente en armonía entre sí, deben respetar siempre la misma distancia y esto, para las escalas mayores, implica el siguiente orden:

T–T–S–T–T–T–S

Donde "T" significa "Tono" y "S" significa semitono. En términos prácticos, en el diapasón de la guitarra el intervalo entre dos notas en el que encontrar otro sonido (bemol, cuyo símbolo es ♭ o sostenido, que es escrito con el símbolo ♯) se denomina "tono" y cuando, por el contrario, no hay sonido posible entre dos notas entonces decimos que tenemos un "semitono".

Volvamos a ver la escala de Do mayor del párrafo anterior: tenemos la siguiente octava que respeta la relación entre los cinco tonos y los dos semitonos necesarios para componer la escala que suena correctamente en ese modo. Por "modo" entendemos una especie de "protocolo estándar" de distribución de los cinco tonos y dos semitonos, en el que tenemos el modo mayor y el modo menor. si aumentamos el intervalo de una de las notas en un semitono nos encontramos con que está "aumentada", si lo disminuimos en un semitono está "disminuida"; para estos dos últimos casos solemos decir también a qué nota de la escala nos referimos: la tercera, la cuarta, etc.

Do – Re – Mi – Fa – Sol – La – Si – Do

T – T – S – T – T – T – S

Sin embargo, ¿qué ocurre si en lugar de referirnos a la escala de Do, nos referimos a la escala de Re? Partimos de nuestra nota fundamental, en este caso Re, llegamos a su análogo en la octava superior, pero las distancias, para que sean racionales y se ejecuten a la manera de la escala mayor, necesitarán la intervención de las notas "intermedias", así tendremos:

Re – Mi – Fa ♯ – Sol – La – Si – Do ♯ – Re

T – T – S – T– T– T– S

Y seguiremos respetando el intervalo que define el modo mayor, dando lugar a una secuencia ascendente que manifiesta la coherencia.

El grado de la escala

Una noción importante que ayuda a entender la construcción de acordes es la de "grado".

El grado, en teoría musical, es el papel que desempeña una sola nota en una escala. Por lo tanto, tenemos siete grados posibles. Hablamos de "grados contiguos" cuando dos notas están en una posición de grado contigua (sinónimo de "intervalo de segunda") y de "grados disjuntos" cuando no están en una posición contigua.

En la escala diatónica, en la que encontramos la disposición T - T - S - T - S, las notas de los distintos grados se denominan así:

I grado: tónico

II grado: sopratónico

III grado: modal (mezzo o característico) 4to grado: subdominante

V grado: dominante

VI grado: sobredominante

VII grado: subtónico

Si, por ejemplo, nos referimos a la escala de Do mayor, encontramos que el acorde mayor correspondiente está compuesto por Do (tónica, 1er grado), Mi (modal, 3er grado) y Sol (dominante, 5° grado).

Lista de las escalas

En esta secuencia se encuentran todas las escalas mayores y menores, que culminan en la nota de la octava superior.

- **C Mayor**

C - D - E - F - G - A - B - C

- **Do menor (o Re)**

C - D - E♭- F - G - A♭ - B♭ - C

- **Do sostenido mayor**

Do♯- D♯ - F - F♯ - G♯ - La♯ - C - Do♯

- **Do sostenido menor**

Do♯- D♯ - E - F♯ - G♯ - A - B - Do♯

- **Do bemol mayor**

Do♭- Re♭- Mi♭- Fa♭- Sol♭- La♭- Si♭- Do♭

- **D Mayor**

D - E - F♯ - G - A - B - Do♯ - D

- **Re menor (Rem)**

D - E - F - G - A - Si♭ - Do - D

- **Re sostenido menor**

D♯- E♯- F♯- G♯- La♯- B - Do♯- D♯

- **Re bemol mayor**

Re♭- Mi♭- Fa - Sol♭- La♭- Si♭ - Do - Re♭

- **E. Mayor**

E - F♯ - G♯ - A - B - Do♯ - D♯ - E

- **Mi menor (Mim)**

Mi-Fa♯-Sol-La-Si - Do-Re-Mi

- **Mi bemol mayor**

E ♭- F - G - A♭ - B♭ - Do - D - E♭

- **Mi bemol menor**

Mib- F - Gb- Lab- Bb- Dob- Db- Mib

- **F Mayor**

Fa - G - A - Bb- Do - Re - Mi - Fa

- **Fa menor (o Fam)**

F - G - Ab - Bb- Do - Db - Eb- Fa

- **Fa mayor**

F#- G#- La#- B - Do#- D#- E#- Fa#

- **Fa sostenido menor**

F#- G#- A - B - Do#- D - E - F#

- **Sol Mayor**

G - A - B - Do- D - E - F#- G

- **Sol menor (o Gm)**

G - A - Bb - Do- Re - Eb- Fa - G

- **Sol bemol mayor**

Gb- Ab- Bb - Dob- Db- Eb- F - Gb

- **Sol sostenido menor**

G♯- A♯- B - Do♯- D♯- E - F♯- G♯

- **A Mayor**

A - B - Do♯- D - E - F♯- G♯- A

- **La menor (o Lam)**

A - B - C - D - E - F - G - A

- **La bemol mayor**

A♭- B♭- Do - D♭- E♭- F - G - A♭

- **La bemol menor**

La♭- B♭- Do♭- D♭- E♭- F♭- G♭- La♭

- **La sostenido menor**

A♯- B♯- Do♯- D♯- E♯- F♯- G♯- La♯

- **B Mayor**

Si - Do♯- Re♯- Mi - Fa♯- Sol♯- La♯- Si

- **Si menor (o Sim)**

B - Do♯- D - E - F♯- G - A - B

- **Si bemol mayor**

B♭- C - D - E♭- F - G - A - B♭

- **Si bemol menor**

Si♭ - Do - Re♭- Mi♭- Fa - Sol♭- La♭ - Si♭

Existe un hecho especial en relación con las escalas menores, que se construyen con la siguiente secuencia armónica:

T- S -T - T - S -T - T

y es que cada una de estas escalas ocupa el mismo grupo de notas que una de las escalas mayores. Por ejemplo, las notas de la octava C, D, E, F, G, A, B y C son las mismas que las de la escala de La menor: A, B, C, D, E, F, G y A. Por una curiosa ley de armonías, la sexta nota de cada escala mayor también da nombre a una escala menor, como podemos ver en el siguiente diagrama, que examina las escalas mayores y menores también en bemol o sostenido.

☐	DO MAYOR LA MENOR	DO	RE	MI	FA	SOL	LA	SI
☐	SOL MAYOR MI MENOR	SOL	LA	SI	DO	RE	MI	FA#
☐	RE MAYOR SI MENOR	RE	MI	FA#	SOL	LA	SI	DO#
☐	LA MAYOR FA# MENOR	LA	SI	DO#	RE	MI	FA#	SOL#
☐	MI MAYOR DO# MENOR	MI	FA#	SOL#	LA	SI	DO#	RE#
☐	SI MAYOR SOL# MENOR	SI	DO#	RE#	MI	FA#	SOL#	LA#
☐	FA MAYOR RE MENOR	FA	SOL	LA	SIb	DO	RE	MI
☐	SIb MAYOR SOL MENOR	SIb	DO	RE	MIb	FA	SOL	LA
☐	MIb MAYOR DO MENOR	MIb	FA	SOL	LAb	SIb	DO	RE
☐	LAb MAYOR FA MENOR	LAb	SIb	DO	REb	MIb	FA	SOL
☐	REb MAYOR SIb MENOR	REb	MIb	FA	SOLb	LAb	SIb	DO
☐	SOLb MAYOR MIb MENOR	SOLb	LAb	SIb	SI	REb	MIb	FA

Para completar esta parte del estudio, te proporciono también un esquema de las escalas escritas según la nomenclatura inglesa: puede ser útil para hacer un ejercicio de lectura, ya que (como veremos) muchas tablaturas (partituras simplificadas de guitarra) están escritas según esta nomenclatura.

T T S T T T T S

C MAJOR	C	D	E	F	G	A	B	C
G MAJOR	G	A	B	C	D	E	F#	G
D MAJOR	D	E	F#	G	A	B	C#	D
A MAJOR	A	B	C#	D	E	F#	G#	A
E MAJOR	E	F#	G#	A	B	C#	D#	E
B MAJOR	B	C#	D#	E	F#	G#	A#	B
F# MAJOR	F#	G#	A#	B	C#	D#	E#	F
C# MAJOR	C#	D#	E#	F#	G#	A#	B#	C#
F MAJOR	F	G	A	Bb	C	D	E	F
Bb MAJOR	Bb	C	D	Eb	F	G	A	Bb
Eb MAJOR	Eb	F	G	Ab	Bb	C	D	Eb
Ab MAJOR	Ab	Bb	C	Db	Eb	F	G	Ab
Db MAJOR	Db	Eb	F	Gb	Ab	Bb	C	Db
Gb MAJOR	Gb	Ab	Bb	Cb	Db	Eb	F	Gb
Cb MAJOR	Cb	Db	Eb	Fb	Gb	Ab	Bb	Cb

Firma de clave y círculo de quintas

Hemos dicho que puede haber muchos símbolos en la partitura, y uno de los más complicados que podemos encontrar junto a la clave, al principio del pentagrama, es la armadura de clave. Esto nos indica cuáles son las variaciones permanentes en la partitura, a no ser que encontremos un signo que las "anule": por ejemplo, utilizando un doble sostenido que equivale a subir dos semitonos, es decir, un tono, o utilizando un signo llamado "bequadro", dibujado así ♮, que se sitúa junto a la nota y que elimina la variación prevista para las notas anteriores.

La armadura puede escribirse con un número variable de signos ♭ o ♯, de cero a siete, e indica la escala y la forma de tocar.

Existe un sistema para almacenar y encontrar las secuencias de variaciones de la armadura de la clave, llamado "círculo de quintas". Imaginemos que tenemos una esfera como la de un reloj y progresamos en el sentido de las agujas del reloj de la siguiente manera: a las doce pondremos Do, luego la quinta nota natural ascendente desde Do, y después Sol. Siguiendo este método, añadiremos un signo de sostenido adicional para cada posición, hasta la séptima. En cambio, las notas planas se añaden siguiendo la escala de forma descendente y encontrando las quintas a las que hay que añadir un signo extra, como se muestra en la siguiente ilustración.

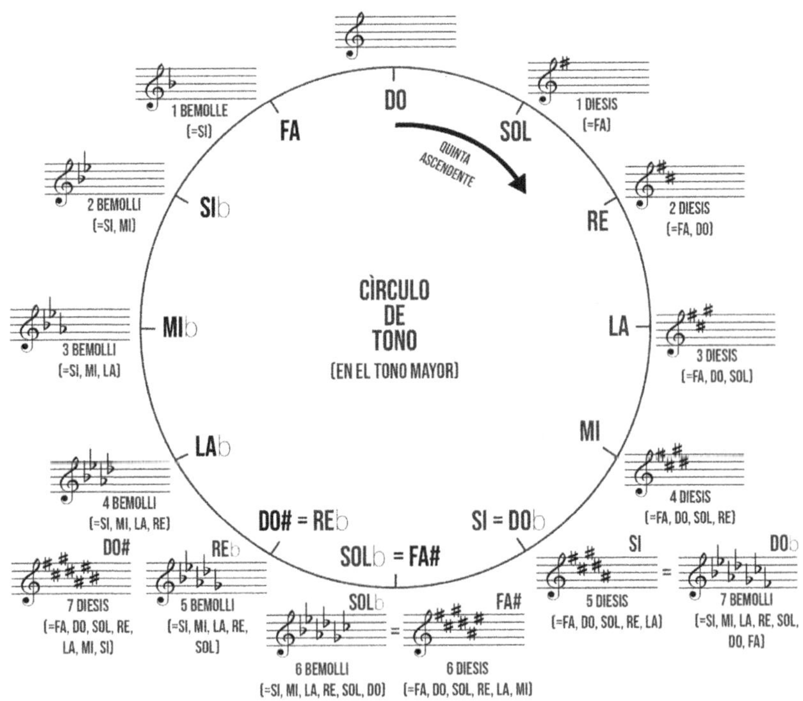

Añadiendo progresivamente los signos correspondientes de los sostenidos para las notas en el sentido de las agujas del reloj y el signo de los bemoles para el sentido contrario, obtenemos:

- Do 0♯, Sol1♯, Re 2♯, La 3♯, Mi 4♯, Si 5♯, Fa♯ 6♯, Do♯ 7♯,

Y

- Do 0♭, Fa 1♭, Si♭ 2♭, Mi♭ 3♭, La♭ 4♭, Re♭ 5♭, Sol 6♭, Do♭ 7♭

Se deduce, por tanto, que algunas escalas son equivalentes, por lo que tendremos variaciones superpuestas en lo que a esto se refiere:

- Si 5♯ e Do♭ 7♭
- Fa♯ 6♯ e Sol♭ 6♭
- Do♯ 7♯ e Re♭ 5♭

y estos toman los mismos valores. De esto se deduce que algunas otras tonalidades se superponen, como ya habrás notado en el diagrama de las escalas donde todas parecen estar acopladas entre un modo mayor y uno menor.

Intervalos: "mayor", "menor", "correcto", "aumentado", "más que aumentado", "disminuido" y "más que disminuido"

A la hora de analizar los intervalos, nos referimos a ellos numerándolos según la nota de la que partimos para definir la escala, y dichos intervalos pueden ser simples si nos referimos a los contenidos en la misma octava y compuestos si, por el contrario, nos enfrentamos a un intervalo de una octava diferente a la que partimos.

En la escala de Do mayor, encontramos que el Re de la misma octava está en la posición de intervalo de segunda, mientras que en cambio está en intervalo de novena si consideramos la siguiente octava, donde para obtener este número sólo tenemos que pensar en la posición (segunda) más las siete notas de que se compone la escala: dos más siete es igual a nueve.

Ahora, consideremos que hay varias especies de intervalo:

- mayor,
- menor,
- justo,
- aumentado
- más que aumentado,
- disminuido,
- más que disminuido.

Estas definiciones servirán para definir la relación entre las notas de un acorde. Procedamos por orden: si consideramos los intervalos de la escala mayor (construidos sobre el patrón de tono y semitono T - T - S - T - S) en los que el primer grado, el de la nota tónica, coincide con el intervalo de la primera, tenemos este tipo de "acoplamiento" entre la tónica y otros grados, cada uno con un matiz sonoro característico. Definimos las ocho categorías en dos tipos de intervalo: el intervalo derecho y el intervalo mayor.

Intervalos justos

- Primero
- Cuarto
- Quinto
- Octava

Intervalos mayores

- Segundo
- Tercero
- Sexto
- Séptimo

Los intervalos de la escala de Do mayor pueden definirse como sigue:

- C y D: segunda mayor
- Do y Mi: tercera mayor
- C y F: cuarto derecho
- Do y Sol: quinta derecha
- Do y La: sexta mayor
- C y B: séptima mayor

Esto es absolutamente correcto para los intervalos en los que mantenemos los valores de tono y semitono intactos. Sin embargo, si disminuimos un intervalo mayor en un semitono, por ejemplo el segundo intervalo entre Do y Re, entonces tenemos Do - Do ♯, y definimos este tipo de intervalo como "menor".

Si aplicamos la misma disminución de semitonos a un intervalo derecho, por ejemplo, pasando de Do - Sol a Do - Fa ♯, o si disminuimos el intervalo mayor en dos semitonos, por ejemplo, Do - La convirtiéndose así en Do - Sol, entonces lo definimos como 'disminuido' en ambos casos.

Cuando, por el contrario, disminuimos un intervalo recto en dos semitonos, como por ejemplo de Do - Fa a Re ♯, decimos que está 'más que disminuido'.

Aumentar un intervalo menor o mayor en un semitono dará lugar a un intervalo "aumentado", aumentar un intervalo mayor o derecho en dos semitonos dará lugar a un intervalo "más que aumentado".

Ahora podrás resolver por ti mismo los acordes aparentemente "complicados" que puedan aparecer en las partituras y los tabuladores.

Intervalos: "ascendente" y "descendente”

Hasta ahora, hemos tratado los intervalos desde un punto de vista teórico, pero nadie ha dicho que éstos deban referirse necesariamente sólo a la sucesión en la que la primera nota es más alta que las siguientes: las notas de un acorde, por ejemplo, pueden pensarse en otro orden, concretamente en el descendente.

En general, decimos que los intervalos que van de una nota más grave a una más aguda se llaman "ascendentes" y los que van de una nota más aguda a una más grave como "descendentes".

Lectura musical desde la teoría hasta la práctica

No encontrarás muchas de estas indicaciones particulares en las tablaturas para la guitarra moderna, y sobre todo no encontrarás muchas en las partituras para principiantes, pero es bueno estar preparado porque puedes encontrar muchas partituras escritas para canciones y obras para ser interpretadas con diferentes instrumentos: nada te impide practicar e intentar tocar en la guitarra una partitura compuesta pensando en la música de piano o de flauta, y gracias al estudio de la teoría musical estarás preparado también para estas eventualidades.

Aquí termina la parte más teórica de nuestro estudio, la que relaciona los aspectos matemáticos de la distribución de las notas y el efecto estético de las distancias de los intervalos entre los sonidos: superadas estas nociones, podemos aventurarnos hacia la práctica real, la parte más agradable del estudio de la guitarra.

CAPÍTULO 4

Con la guitarra en la mano

A partir de ahora, te aconsejo que tengas tu instrumento a mano y estés preparado para adoptar la postura adecuada para tocar. Empezaremos poco a poco y verás que todo lo que hemos aprendido en la teoría te quedará más claro.

Las notas del teclado

¿A qué viene esta digresión? Pues bien, no se trata de un mero artificio teórico, una noción con sabor intelectual, sino que se aplica directamente al estudio práctico y, sobre todo, facilita la memorización de las notas en el diapasón de la guitarra. Para ello, te presentamos un sencillo diagrama de las notas y su disposición en el diapasón. En total, deberíamos tener 114 notas (6 cuerdas para 19 trastes), pero rara vez bajamos del quinto traste, al menos en las primeras etapas de estudio. Es importante señalar que muchas de estas notas son equivalentes porque al pulsar la cuerda en un determinado traste (o al tocarla en bemol) tenemos el mismo sonido en la misma tonalidad en la misma octava. Aprender las notas de memoria basándose en la mera visualización y repetición requeriría un esfuerzo mental considerable y, a menos que poseamos una memoria eidética, sería inverosímil además de poco práctico. En cambio, si nos damos cuenta de las notas a través de una serie de ejercicios prácticos centrados y progresivos, tendremos muchas más posibilidades de éxito. También podemos verlo así: después de aprender el abc y los fundamentos de la escritura, todo el mundo se adapta fácilmente al uso del teclado del ordenador y, al cabo de unas semanas, uno ya ni siquiera mira las teclas sino que procede a escribir de forma autónoma. Del mismo modo, una vez que te hayas familiarizado con algunas de las claves de la guitarra que podríamos llamar "básicas" y conozcas algunos trucos especiales, podrás desenredar las cuerdas en menos tiempo del que imaginas.

En primer lugar, hay que empezar por memorizar las seis cuerdas que, de arriba a abajo (o de menor a mayor si queremos pensarlo así) se tocan en plano:

- Mi en italiano - E en inglés
- La " - A "
- Re " - D "
- Sol " - G "
- Si " - B "
- Mi " - E "

NOTAS EN EL DIAPASÒN DE UNA GUITARRA

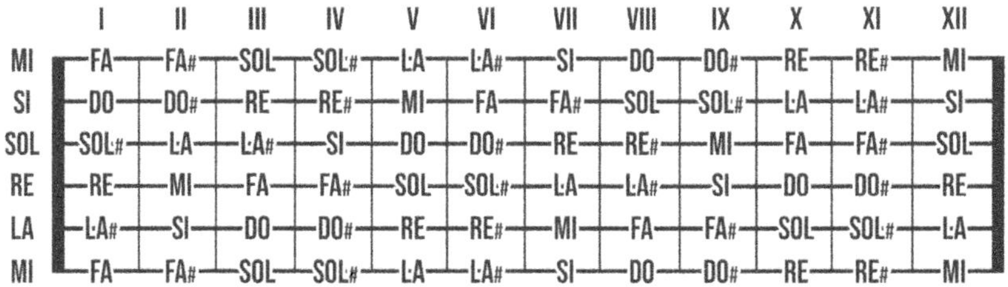

	I	II	III	IV	V	VI	VII	VIII	IX	X	XI	XII
MI	FA	FA#	SOL	SOL#	LA	LA#	SI	DO	DO#	RE	RE#	MI
SI	DO	DO#	RE	RE#	MI	FA	FA#	SOL	SOL#	LA	LA#	SI
SOL	SOL#	LA	LA#	SI	DO	DO#	RE	RE#	MI	FA	FA#	SOL
RE	RE	MI	FA	FA#	SOL	SOL#	LA	LA#	SI	DO	DO#	RE
LA	LA#	SI	DO	DO#	RE	RE#	MI	FA	FA#	SOL	SOL#	LA
MI	FA	FA#	SOL	SOL#	LA	LA#	SI	DO	DO#	RE	RE#	MI

Música escrita para guitarra: la tablatura o 'tab'

La tablatura, que ya mencionamos en el capítulo anterior, es una especie de partitura simplificada para tocar la guitarra. También puede llamarse "tablatura", o incluso "tab", para entenderse como una abreviatura de tablatura o como el término inglés para "tab".

Hay más de una diferencia significativa con el pentagrama y sus símbolos, y la gente generalmente encuentra mucho más fácil e intuitivo leer la tablatura porque no hay necesidad de interpretar las docenas de signos diferentes que están escritos en las cinco líneas musicales clásicas.

En primer lugar, hay seis líneas horizontales en la tablatura que se leen de izquierda a derecha. Estas líneas indican las seis cuerdas de la guitarra y en ellas encontramos indicaciones de la posición de los dedos, los trastes y también otros símbolos que indican el uso de algunas técnicas particulares que analizaremos en detalle más adelante.

Las líneas de tablatura muestran las cuerdas en el orden de la figura inferior, por lo que, al igual que en las partituras clásicas, las notas más altas van hacia arriba y las más bajas hacia abajo.

Me cantan --

Si --

Sol --

Re --

La --

Mi --

Ahora, mirando la siguiente tablatura, intentemos tocar las notas indicadas:

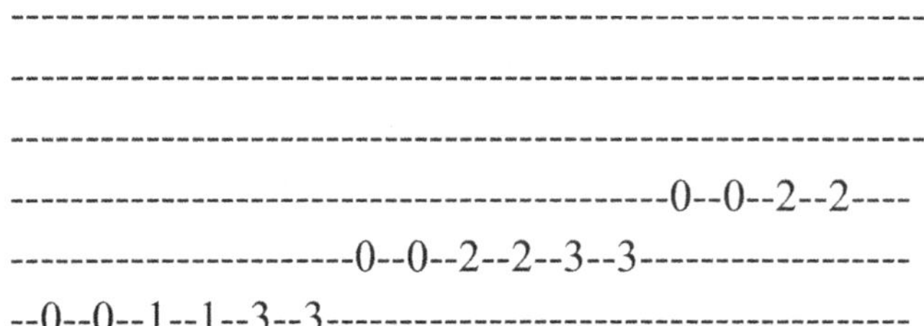

```
------------------------------------------------------------
------------------------------------------------------------
------------------------------------------------------------
-------------------------------------------0--0--2--2----
---------------------0--0--2--2--3--3-----------------
--0--0--1--1--3--3-------------------------------------
```

Obsérvese que el cero indica la cadena reproducida vacía, los números en cambio las teclas a pulsar en la cadena indicada, por lo que tendremos (en orden cronológico):

Sexto acorde: Mi - Mi - Fa - Fa- Sol- Sol

Quinto acorde: La - La- Si- Si- Do - Do

Cuarto acorde: Re- Re- Mi- Mi

El único "defecto" de la tablatura, si podemos llamarlo así, es su ausencia de indicaciones de tempo, que en cambio encontramos bien descritas en el pentagrama.

Es un sistema bastante sencillo e intuitivo, pero para evitar dudas, veamos algunos trucos que facilitarán su lectura.

- Un cero indica siempre una cuerda tocada en vacío, sin pulsar ninguno de sus trastes;
- Una X especifica que la cuerda no debe ser tocada, y esto es particularmente relevante cuando se tocan ciertos acordes en los que podemos tener que tocar toda la cuerda menos una (a menudo uno de los dos mi) o sólo un grupo de tres cuerdas (como veremos en los ejercicios sobre acordes de potencia);

- Cuando encontramos pestañas en un solo acorde a la vez, significa que sólo tenemos que tocar ese y no usar los otros cinco.

Otra forma de escribir el tabulador, eficaz al menos para escribir las partituras más sencillas y extremadamente concisa, es la que muestra una especie de "código" con seis dígitos, uno por cada cuerda, indicando en cada uno el 0 donde se debe tocar la cuerda vacía, la x si no se debe tocar, los números para indicar el traste a pulsar.

Por ejemplo, el Mi menor, que podemos representar así:

```
| --0--------------------
| --0--------------------
| --0--------------------
| --2--------------------
| --2--------------------
| --0--------------------
```

También se puede escribir así: 022000

El La menor se indica como:

```
| --0--------------------
| --1--------------------
| --2--------------------
| --2--------------------
| --0--------------------
| --X--------------------
```

O como X02210, es decir, (de la sexta cuerda a la primera, respectivamente) cuerda sin tocar, cuerda vacía, segundo traste, primer traste y cuerda vacía.

Obsérvese que la progresión de izquierda a derecha de los números y signos equivale a la cadena más baja a la más alta.

Un truco para memorizar: notas con "i

Memorizar las notas del diapasón de la guitarra es un poco más complejo que aprender a distinguir las notas en otros instrumentos, como el piano, por ejemplo, donde la disposición de las teclas negras hace que no sea un poco más fácil orientarse. Para complicar aún más las cosas, en la guitarra se puede obtener el mismo sonido con diferentes tonalidades, por ejemplo se puede obtener el Mi una octava más alta que el sonido de la sexta cuerda tocada en bemol:

- En la sexta cuerda en el duodécimo traste,
- En la quinta cuerda en el séptimo traste,
- En la cuarta cuerda en el segundo traste,

y siempre es el mismo "Mi". No te preocupes: hay un pequeño truco mnemotécnico que me enseñó un profesor de guitarra moderna: en la escala cromática las notas tienen una 'nota media' con la siguiente, los sostenidos, pero las que terminan en 'i' son una excepción: después de Mi y Si no tenemos más que otra nota natural, Fa y Do.

Identificar y memorizar las notas con signos en las teclas

Habrá observado que algunas teclas del teclado están "decoradas" con signos, normalmente pequeños puntos, pero algunos fabricantes personalizan las teclas con diversos motivos. El uso, sin embargo, sigue siendo el mismo: indicar una determinada distancia en el teclado que podemos identificar fácilmente.

Partamos de este principio: si tengo una cuerda tensa, tendré un sonido; si corto esta cuerda por la mitad, tendré el mismo sonido pero más agudo. En la guitarra, el duodécimo traste coincide con el mismo sonido en la octava más alta. Esto se debe a que doce trastes representan cada una de las doce notas contenidas en una octava. No es casualidad, por tanto, que en el duodécimo traste encontremos una indicación que nos ayuda a orientarnos a lo largo del mástil: dos puntos, o dos marcas, facilitan la distinción de la nota que se está tocando en ese tono. Si tocamos la cuerda en vacío y volvemos a pulsar en el duodécimo traste obtendremos la misma nota pero una octava más alta.

Sin embargo, hay otros signos: hay un redondel (sólo uno) en los trastes tercero, quinto, séptimo y noveno, básicamente alternando en los impares. Si examinamos la sexta cuerda, el mi grave, podemos memorizar fácilmente la secuencia de notas que aparece en el traste relativo con un redondel dibujado:

Nota: Sol -La-Si-Do♯(oRe♭)

Clave: 3º-5º-7º-9º

Sólo necesitamos conocer la posición de estas notas para poder derivar las de las claves vecinas. ¿Queremos saber dónde está la F? Es la nota inmediatamente posterior al Mi, que es el sonido de la cuerda abierta,

por lo que sólo tenemos que pulsar el primer traste; si buscamos A♭ sólo tenemos que recordar que es un semitono más bajo que A; si buscamos D podemos encontrarlo en el traste próximo a C♯. Así pues, ya conocemos un tercio de toda la disposición de las notas porque el mismo mecanismo de lectura puede aplicarse a la primera cuerda, la del Mi cantino.

Apliquemos esta estrategia a la quinta cuerda, el La: en las posiciones de los trastes tercero, quinto, séptimo y noveno encontramos, respectivamente:

C - D - E - F♯ (o G♭)

Con un poco de práctica, las notas te resultarán cada vez más fáciles y harás tuyo el mecanismo de lectura del diapasón de la guitarra con las siguientes notas.

Precaución. No intentes descomponer tu postura en un intento de comprobar continuamente la colocación de los "puntos" (u otros marcadores) en el diapasón, sino que memoriza la posición de tus manos y deja que el ejercicio, repetido muchas veces, active tu memoria muscular para que ya no tengas que mirar continuamente los marcadores para orientarte. Mi consejo es que mires manteniendo una posición correcta de la espalda, la cabeza y los hombros, y que te relajes al máximo.

Memorizar las posiciones de las notas con los power chords

Los "power chords" son "acordes simplificados", muy utilizados en la guitarra eléctrica. Comienzan con el bicordio (un acorde simplificado), que se obtiene tocando simultáneamente un traste con el dedo índice y otro con el anular, en la posición de dos trastes más altos y dos notas más bajas. Por ejemplo, el acorde de Fa potente se puede tocar de la siguiente manera:

```
|--x-----------------------------
|--x-----------------------------
|--x-----------------------------
|--3----------------------------
|--x-----------------------------
|--1-----------------------------
```

Es decir, presionando el primer traste de la sexta cuerda y el tercer traste de la cuarta cuerda. Esto significa que según este esquema encontramos la nota en una octava superior y esto nos permite identificar fácilmente las notas de las cuerdas siguientes a las que hayamos memorizado con el sistema de puntos en los trastes.

El power chord en teoría se origina como un acorde de quinta de tres notas, es decir, donde encontramos la nota fundamental que da nombre al acorde, en un esquema que podemos pensar como "nota - quinta - nota de la octava superior", en este caso, el Fa y su quinta, el Do, junto con el Fa de la octava superior.

Si tocas un acorde de potencia que lleva el nombre de la nota de la cuerda que se toca, lo encontrarás así en el tabulador y en el teclado:

```
|--x-----------------------------
|--x-----------------------------
|--x-----------------------------
|--2-----------------------------
|--2-----------------------------
|--0-----------------------------
```

es decir, Mi en la sexta cuerda, Si en la quinta y Mi de nuevo en la tercera.

Lo que podemos aprender, llegados a este punto, es que no es necesario memorizar cada posición de cada nota en cada traste y cuerda (¡Son 114!), sino la dinámica de la distribución de los sonidos: partiendo de las dos últimas cuerdas, el mi grave y el la, podemos derivar todas las demás notas de la cuarta, la tercera y la segunda cuerda, mientras que en lo que respecta a la cantinela del mi, ésta es la misma que la del mi grave y, por lo tanto, no necesita más estudio.

Por lo tanto, en cualquier caso, tendré la misma nota en dos octavas diferentes, pulsando una tecla y su homóloga dos cuerdas y dos trastes más abajo; en medio, dos trastes y una cuerda más abajo, encontraré la quinta nota natural.

Ejercicio de familiarización con la distribución de las notas en el teclado

Como ejercicio para familiarizarse con las notas y su distribución en las teclas, pruebe a utilizar este sistema de acordes de potencia para buscar cada nota. Si crees que te facilitará las cosas, prueba también a utilizar el sistema de puntos que puedes ver en el diapasón. Algunas notas suenan más "familiares", agradables, interesantes dependiendo del gusto personal: siente cuáles son tus favoritas y cuáles te resultan más fáciles de tocar colocando la mano en el mástil sin pensar demasiado en ello.

Ahora, sin mirar el diagrama resumen que te he dado en este libro sobre las notas y su distribución en el mástil, encuentra todos los Do, todos los Fa, Es, Sol, La y Si que están entre el primer y el duodécimo trastes de cada cuerda. Si recuerdas lo que ya hemos dicho sobre las notas del diapasón, recordarás que doce trastes equivalen a una octava y, por tanto, cada una de estas notas sólo aparece una vez en cada cuerda entre el primer y el duodécimo trastes.

Una vez encontradas todas las notas naturales en orden en cada cuerda, vamos a intentar tocarlas:

- La A♯ en la cuarta cuerda;
- El sol de la segunda cuerda;
- El D♭ en la quinta cuerda;
- La B de la primera cuerda;
- El A de la sexta cuerda;
- El mi de la quinta cuerda;
- El Fa de la segunda cuerda;
- La C de la tercera cuerda;
- A en la cuarta cuerda.

Ejercicio sobre la nomenclatura inglesa y la distribución de las notas

Hagamos ahora un pequeño ejercicio sobre la nomenclatura inglesa, cuyos acordes (de menor a mayor) son: E, A, D, G, B.

A continuación encontrará un diagrama claro y completo.

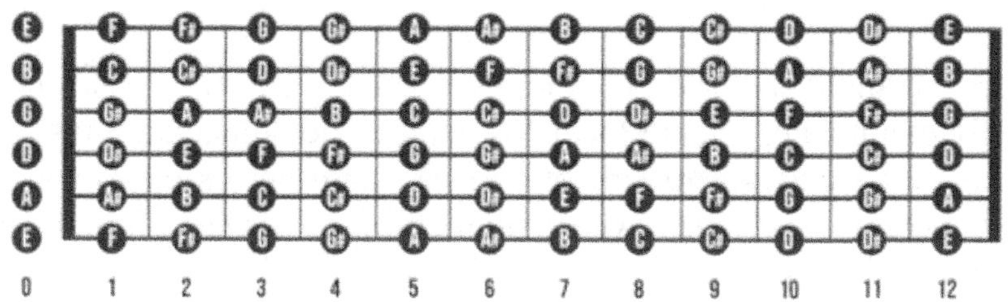

Saber encontrar notas escritas en inglés es una gran ventaja: muchos recursos en línea (incluso los gratuitos, basta con teclear "guitar chord" o "guitar tabs" en un buscador para acceder a multitud de páginas especializadas) proceden de sitios en inglés, el idioma más hablado en la red, y por tanto utilizan la nomenclatura anglosajona de las notas.

Es mucho menos complejo de lo que se piensa, y para un ejercicio sencillo vamos a "cazar" las notas en el teclado de esta manera:

- Encuentra y toca cada do en seis acordes, luego re, mi, fa, sol, la y si, una nota a la vez. Son simplemente C, D, E, F, G, A y B: hazte a la idea de que un mismo sonido puede tener dos nombres.
- Encuentra y toca las siguientes notas:
  - La E en la tercera cuerda (G)
  - La D♯ en la quinta cuerda (A)
  - La G en la primera cuerda (E)
  - La F♯ en la cuarta cuerda (D)
  - La B en la sexta cuerda (E)
  - La C en la segunda cadena (B)

Ejercicio para familiarizarse con las notas utilizando el acorde de potencia

Para completar este ejercicio, además de tocar la nota individualmente, intente tocar los acordes de potencia de las seis notas colocadas aleatoriamente arriba, tanto en los ejercicios en italiano como en inglés. Ajusta un metrónomo físico o digital a un tempo bajo y repite los acordes de potencia de cada nota ocho veces.

Te daré algunas indicaciones sobre la ejecución, ya que es el primer ejercicio práctico que estás probando.

- Si te parece complejo, lo único que tienes que hacer es tomarte tu tiempo y bajar un poco el ritmo, verás que conseguirás el resultado en pocos intentos: respira, toca los acordes de potencia, escúchate y pasa a la siguiente nota.
- Tenga cuidado de colocar la yema del dedo cerca de las cuerdas correctas y de no tocar las otras cuerdas con los dedos;
- Mantenga los dedos "martillados", pero no estrese la articulación de la muñeca con demasiada tensión;
- Calibrar la púa simple, recordando la postura del brazo derecho;
- En este caso, ya que estamos utilizando acordes de potencia, intenta tocar con una púa sólo las tres cuerdas que intervienen en el acorde simplificado; así obtendremos una prueba más de destreza y coordinación para relacionar la mano izquierda y la derecha, la identificación de las notas en el teclado y las cuerdas a puntear;
- Intenta presionar la cuerda pensando que tienes que ocupar la superficie más pequeña y precisa posible en el traste y no apoyar toda la yema del dedo en él sino sólo su punta;

- Notarás que entre la primera ejecución del acorde de potencia de cada nota u octava hay alguna diferencia: trata de escuchar bien el sonido que obtienes y recuerda que éste proviene de tu postura y de la presión que estás dando.
- Para continuar con este ejercicio y añadir algo de habilidad a tu repertorio, prueba a mantener la posición del acorde de potencia con la mano izquierda y con la derecha, en lugar de pulsar las tres cuerdas al mismo tiempo, toca una cuerda cada vez, de arriba a abajo. Aquí tienes un ejemplo de arpegio simplificado, para que también aprendas a tocar notas individuales. Los riffs de la guitarra eléctrica y el fraseo de las canciones famosas se basan en reglas matemáticas que toman la relación entre los grados de una escala y tocan un grupo de notas para dar personalidad y distinción a la canción. Encontrar estos grupos y la relación entre las notas te facilitará la tarea.

Tempo y ritmo

Infravalorado por algunos, el estudio del tempo es en cambio un componente esencial para entender una partitura, una tablatura o una canción.

Decíamos en la introducción que el metrónomo utiliza una unidad de medida llamada "compás por minuto" (BPM), y que ésta suele representarse en la partitura como el espacio entre dos líneas verticales del pentagrama: también podemos considerar estas líneas como la representación gráfica del compás del metrónomo. Las notas que se tocan entre estas dos marcas cubrirán una subunidad llamada pulso. Ahora, digamos que estamos tocando un tiempo de 4/4, esto implica que en el compás vamos a considerar cuatro unidades de tiempo mínimas, las pulsaciones, que llenan este espacio. Imaginando que estamos tocando en secuencia las cuatro primeras notas de la escala de Do mayor en cuatro cuartos, podemos pensar en tener un marco temporal preciso en el que Do, Re, Mi y Fa ocupan el compás.

CAPÍTULO 5

Escalas a tocar

Ya hemos visto las escalas musicales, pero aún no sabemos todo lo que hay que saber, sobre todo a la vista de los ejercicios en los que poner en práctica estas nociones y extrapolar lo que nos es más útil. Según muchos virtuosos de la guitarra clásica y eléctrica, mediante el conocimiento de tres elementos, es decir, las escalas, las proporciones que se encuentran en los intervalos y los acordes, un músico puede ser capaz de interpretar canciones de oído a pesar de no tener una tablatura escrita delante, puede intentar componer e incluso puede improvisar.

Este conocimiento técnico no se adquiere inmediatamente, sino que es necesario practicar y hacer propias técnicas como las descritas en este libro.

Aprovecho para decir que no se puede descuidar la técnica: de hecho, hay quien piensa que el talento artístico está limitado por un método de enseñanza "rígido", pero en realidad la técnica es indispensable para expresar mejor las intenciones y dar matices emocionales a la interpretación. Dominando las escalas y los acordes menores podemos sugerir la melancolía, es un recurso muy sencillo pero que requiere el conocimiento de este lenguaje. Muchas canciones de éxito se pueden tocar con sólo unos pocos giros armónicos, pero detrás de esta aparente simplicidad se esconde un cuidadoso estudio de la música. Es como hablar un idioma: cuanto más vocabulario y modismos conozca uno, más podrá expresarse con detalle y claridad.

La "paradoja de las escalas" de Paolini

Existe una paradoja en relación con las escalas musicales, bien expuesta por el maestro Paolo Paolini: las escalas tienen un punto de llegada y un punto de partida que coinciden. Vistas de forma puramente teórica, son abstracciones, respetan un modelo que sólo tiene sentido cuando se interpreta según nociones como "alto" y "bajo", pero sin embargo afectan a esa parte del cerebro humano que contempla la lógica: las secuencias que llamamos "escalas" siguen un sentido no sólo puramente "estético", sino precisamente "lógico". Este componente tan teórico pero a la vez matemático y pragmático hace de la escala un ejercicio perfecto para entender la melodía desde un punto de vista no emocional pero sí manual, y sin embargo permite dominar técnicas que luego permitirán expresar el lado artístico del intérprete.

Conocer las "otras" escalas musicales

Ya nos hemos familiarizado con el concepto de "escala", pero para una mejor comprensión, vamos a tratar de entender cuáles son las características generales de una secuencia de notas que entran en esta definición. Para ser definida como "escala", un conjunto de notas debe cumplir ciertos criterios:

- El intervalo entre cada par de notas es racional y permite que la escala sea armoniosa;
- Mantiene una forma estética armoniosa tanto si se toca de forma ascendente como descendente;
- Teniendo en cuenta su desarrollo a lo largo de la octava, también puede ser una escala sin tocar todas las notas sino

sólo algunas de ellas (como en la escala pentatónica que veremos más adelante, que sólo requiere cinco notas).

Tenemos diferentes formas de abordar una secuencia de notas que mantenga proporciones armónicas entre sus componentes, y concretamente analizaremos

- La escala cromática
- La escala pentatónica (mayor y menor)
- La escala diatónica

Escala cromática

Ya hemos tratado este concepto: la escala cromática es la escala en la que encontramos todos los intervalos de un semitono, por lo tanto todas las notas naturales y las variaciones en sostenidos (o bemoles).

Al tocar una escala cromática, tocamos la secuencia, teniendo en cuenta cada distancia mínima entre las notas, encontrando las doce, es decir

Do ,Do♯ (oRe♭),Re, Re ♯ (oMi♭),Mi, Fa, Fa♯ (oSol♭),Sol, Sol ♯ (o La ♭), La, La ♯ (o Si ♭), Si.

En el caso de la guitarra, encontramos estas notas (no en este orden) en los doce trastes de las cuerdas del mástil, desde la cejilla hasta el traste marcado con dos puntos.

Ejercicios manuales sobre la escala cromática

La escala cromática puede aplicarse acorde por acorde para realizar ejercicios muy útiles para controlar las articulaciones de la mano, obteniendo más coordinación, elasticidad y precisión, obviamente en relación con el tiempo dedicado al ejercicio.

En este caso, tu tarea consistirá en tocar el acorde de Mi vacío, y luego utilizar el dedo índice en el primer traste, el dedo medio en el segundo traste, el dedo anular en el tercer traste y el meñique en el cuarto traste. Tocas cinco notas consecutivas, E - F ♯- G ♯ con la intención de presionar un dedo a la vez. Ajusta el metrónomo a un tempo lento, y procura tocar una nota cada vez, sin solapar los sonidos y llevando sólo un dedo de martillo a la vez en el teclado al lugar correcto, intentando ser preciso y no pulsar un segmento aleatorio de la cuerda en el traste. Pellizca la cuerda firmemente con la mano derecha, toca las cinco notas y luego repite exactamente el mismo movimiento, dedo a dedo, con las cinco cuerdas restantes, de abajo a arriba.

Cuando te hayas familiarizado lo suficiente con este ejercicio, intenta seguir esta secuencia de escalas cromáticas:

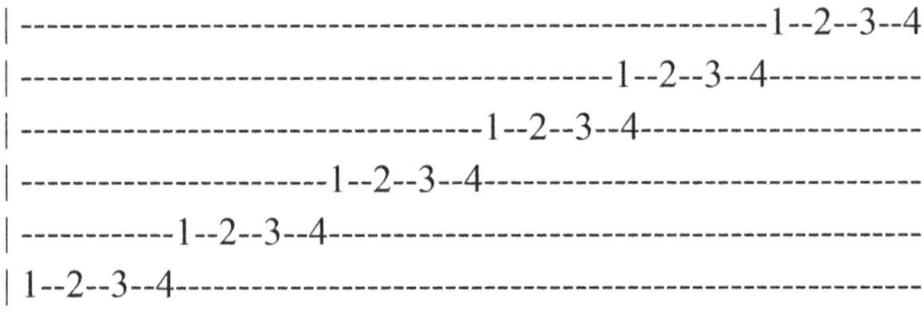

```
|------------------------------------------------------1--2--3--4
|----------------------------------------1--2--3--4-----------
|------------------------------1--2--3--4---------------------
|---------------------1--2--3--4--------------------------------
|-----------1--2--3--4------------------------------------------
| 1--2--3--4----------------------------------------------------
```

La secuencia consiste en tocar los cuatro primeros trastes de cada cuerda, llegando al Mi catino.

En ese momento, el dedo meñique de la mano izquierda, que ha estado tocando Sol ♯, se desplaza al quinto traste y la escala cromática pasa de ascendente a descendente, de nuevo a Mi grave, así:

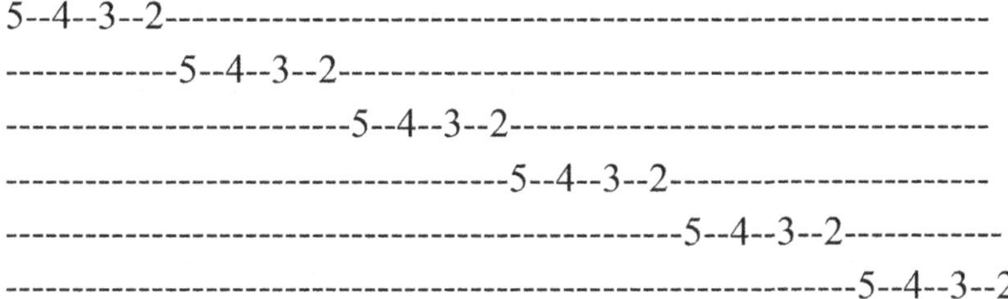

A continuación, desde aquí el dedo índice se desplaza al tercer traste de la sexta cuerda y repite el mismo mecanismo ascendente hasta el sexto traste de Mi catino. El mismo juego de mover los cuatro dedos se repite hasta llegar al duodécimo traste de mi catino, momento en el que se repite el ejercicio a la inversa hasta el primer traste de mi grave.

Recuerda tocar cada traste con precisión y alternar los dedos sin dejar nunca dos juntos en el teclado.

Escala pentatónica menor

La escala pentatónica menor le resultará familiar, ya que contribuye al sonido de muchas canciones modernas populares de diversos géneros, como el rock, el pop e incluso el blues. Se obtiene siguiendo el siguiente patrón de intervalos musicales a partir de la nota tónica:

3s – T – T – 3s - T

Se obtiene utilizando cinco notas de una escala:

- 1, la tónica (T), que define la clave;
- 3m, la tercera menor (m3), que está a tres semitonos (o, si se quiere, a tres trastes de guitarra) de la tónica;
- 4, la cuarta, a su vez a dos semitonos de la tercera menor;

- 5, la quinta, distante dos semitonos de la cuarta;
- 7m, la séptima menor (m7), a tres semitonos de la quinta

Si quisiéramos tocar la pentatónica en la sexta cuerda, tendríamos que proceder pulsando las teclas 1 (fa), 4 (sol sostenido), 6 (la sostenido), 8 (do) y 11 (re sostenido), pero es muy difícil tocar una escala así en una sola cuerda; más adelante veremos cómo se pueden hacer secuencias con cajas que dividen el mástil en cinco y las conectan entre sí.

Escala pentatónica mayor

La escala pentatónica mayor, similar a la escala pentatónica menor, respeta dichos intervalos:

T – T – 3s – T – 3s

En el que están dispuestos:

- 1, el tónico
- 2, el segundo mayor
- 3, la tercera mayor,
- 5, el quinto,
- 6, la sexta mayor.

En el mástil, las escalas pentatónicas están dispuestas verticalmente así:

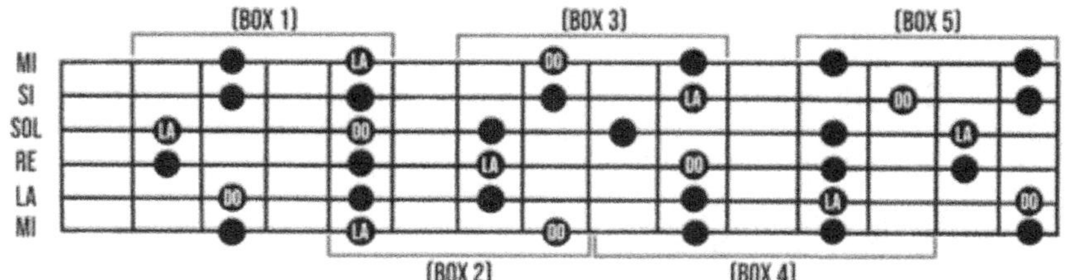

que pueden "atarse" interpretándolos individualmente como en la ilustración siguiente:

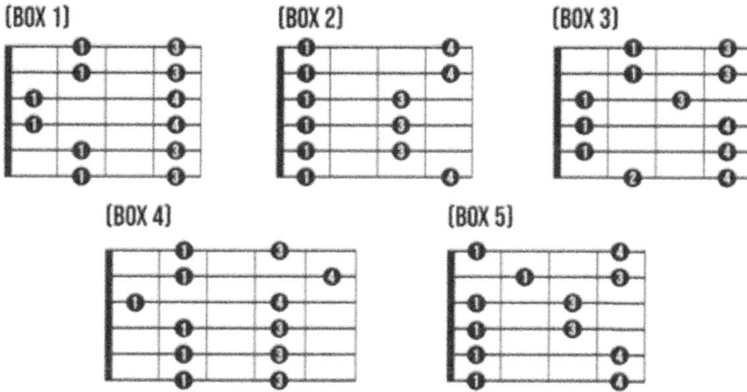

El ejercicio básico para desarrollar el conocimiento de estas escalas, fundamentales en la música contemporánea (y de las que se derivan un gran número de riffs, fraseos y solos), es sencillo: siguiendo la digitación de la última ilustración, intente tocar las notas de cada cuerda en sentido ascendente o descendente. Los números en los puntos muestran la digitación como sigue:

- 1: índice
- 2: dedo medio
- 3: dedo anular
- 4: dedo meñique

Tu tarea es "atar" las escalas entre las cajas, teniendo en cuenta que la segunda nota de una caja es la primera nota de la caja siguiente.

Otra indicación importante se refiere a la caja 5, que es bastante difícil de tocar para los principiantes (su posición está a la derecha del duodécimo traste), y aún más para los guitarristas clásicos, pero basta con tocarla devolviendo su estructura al primer traste y obtendrá exactamente el mismo sonido, sólo que una octava más baja.

Escala diatónica

Ya hemos tratado este tipo de escala compuesta por siete notas y sobre la que se estructuran las escalas de modo mayor y menor.

La escala diatónica mayor, en la que se basa la mayor parte de la composición musical occidental, tiene los siguientes intervalos:

T–T–s–T–T–T–s

El menor tiene:

- 1, el tónico,
- M2, una nota a un tono de distancia de la tónica,
- m3, una nota a un semitono de la segunda mayor,
- 4, una nota a un tono de la tercera menor

- 5, una nota a un tono de la cuarta
- m6, una nota a un semitono de la quinta
- m7, una nota que está a un tono de la sexta menor.

Ejercicio sobre la escala diatónica

El ejercicio que puedes hacer ahora se muestra en la siguiente imagen:

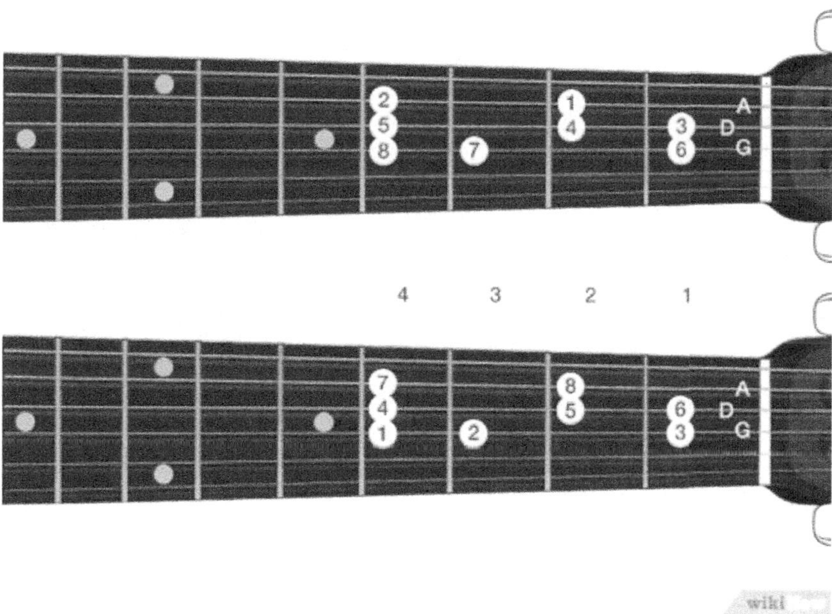

Pon un metrónomo a una velocidad lenta e intenta tocar la escala de Do, tanto ascendente como descendente. Toma el patrón que encontraste en el capítulo 3 y, practicando esa parte de la teoría y orientándote en la búsqueda de las notas de las escalas, toca las escalas mayores con el metrónomo: encontrarás un patrón, un mecanismo continuo por el que empezarás a intuir las secuencias sin tener que memorizar cada nota de cada escala.

CAPÍTULO 6

Acordes de guitarra y el método CAGED

Los acordes, como ya hemos mencionado antes, son un grupo de notas divididas por una serie de intervalos regulares de tonos y semitonos, y que suponen hacer vibrar varias cuerdas a la vez con un único movimiento fluido, un plectro suave y preciso. Normalmente se indica en la tablatura ocupando un mínimo de dos trastes hasta cuatro (los cuatro dedos que usamos en la mano izquierda), en algunos casos nos encontramos con una línea que ocupa verticalmente un traste de las seis cuerdas, y en este caso tenemos un barré, un recurso que nos permite tocar un cierto número de acordes.

Como todos los ejercicios preliminares, el acorde debe ensayarse prestando atención a la técnica, la postura, la digitación y la reproducción del sonido, prefiriendo estos elementos cualitativos a la velocidad de ejecución, por lo que recomiendo poner un metrónomo con una frecuencia baja de BMP y tocar lentamente. Aquí surge un pequeño malentendido con el que tropiezan los músicos en ciernes: cuando encontramos tempos lentos en una partitura e intentamos tocar un acorde, no debemos tocarlo lentamente ralentizando el movimiento de la mano derecha: ésta debe seguir siendo lo suficientemente enérgica y firme como para tocar todas las cuerdas que forman parte del acorde. Si tocamos lentamente, acorde por acorde, obtendremos un arpegio, que tiene un uso completamente diferente y aísla las notas una por una: en cambio, queremos obtener el sonido con cuerpo y volumen de un acorde. Mantener la nota durante un tiempo relativamente largo es una prerrogativa de la mano izquierda, que debe mantener la posición.

Construcción de acordes

¿Por qué hemos puesto tanto énfasis en el estudio de las escalas e intervalos musicales? Es muy sencillo: si has probado a experimentar con algunas acciones "aleatorias" en la guitarra, pulsando unas cuantas teclas sin un orden concreto (quizás sólo buscando una posición cómoda de los dedos), aunque hayas pulsado las cuerdas correctamente en el lugar adecuado del traste, habrás obtenido un sonido poco armónico. De hecho, sólo siguiendo un sistema racional obtendremos conjuntos de notas que, tocadas juntas, den una sensación agradable.

Dada la particularidad del instrumento, en muchos casos sólo será necesario pulsar dos teclas para obtener el acorde adecuado. Tomemos como ejemplo el acorde de Mi menor (E min), que se compone en el teclado de la siguiente manera:

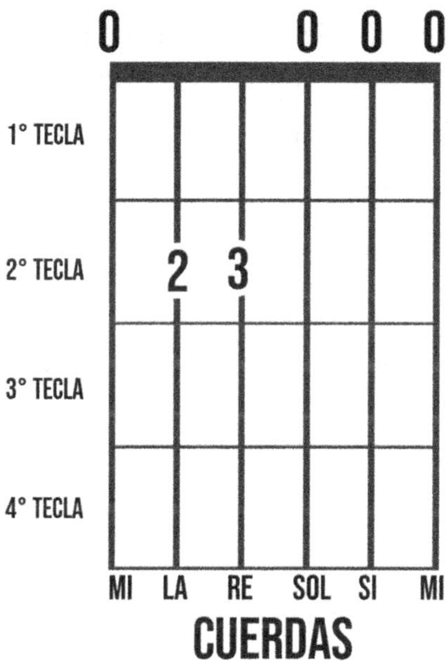

Tenemos tres notas: mi, sol y si. Si tocamos las seis cuerdas, como se ilustra, obtendremos algunas notas correctas sin tener que intervenir presionando con los dedos:

- Sexta cuerda: Mi grave (hueco)
- Quinta cuerda: Si (segundo traste)
- Cuarta cuerda: Mi (segundo traste)
- Tercer acorde: Sol (hueco)
- Segunda cuerda: Si (hueco)
- Primera cuerda: Mi cantino (hueco)

Hemos respetado todas las necesidades y el acorde suena racional y agradable de escuchar.

La regla que debemos recordar es que todo acorde se construye sobre la base de las escalas musicales, de modo que, partiendo de la nota tónica (I), añadimos su intervalo de terceras (III) y quintas (V). La especie del acorde define su construcción por lo que podemos tener una tríada de notas que se puede definir como:

- Mayor: I tónica, III mayor, V derecha;
- Diminutivo: I tónica, III menor, V disminuido;
- aumentada: I tónica, III mayor, V aumentada.

Si tomamos como ejemplo el acorde construido sobre la tónica Do, obtenemos:

PRIMERO: Do, I tónico

TERCERA: Mi, mayor III; Mi ♭. menor III

QUINTO: Sol, V justa ; Sol ♭ V disminuida; Sol ♯ quinta aumentada.

Así, las cuatro tríadas que componen los acordes principales de Do serán:

- Do mayor: Do - Mi - Sol
- Do menor:Do-Mi♭-Sol
- Do 5 diminuido:Do-Mi♭-Sol♭
- Do 5 aumentado:Do-Mi-Sol♯

Además, encontrarás una colección de todos los acordes más importantes y sus posiciones, para que puedas tocar una gran cantidad de melodías sin problemas. Mientras tanto, vamos a intentar ir en orden ascendente de dificultad, para que sea más fácil aprender cada acorde.

Los acordes en "primera posición

Para algunos guitarristas, estos acordes representan casi un grato recuerdo de sus primeros intentos de tocar. Los acordes que vamos a ver ya permiten tocar muchas piezas y dan un buen primer contacto con la "música práctica". Además, estas posiciones contienen proporciones que estudiaremos más adelante en la técnica C.A.G.E.D. para derivar todos los demás acordes. Se trata de instrucciones fundamentales que siempre necesitarás, así que presta mucha atención y estudia estos acordes todo lo que puedas para grabarlos en tu memoria muscular y que se vuelvan fluidos y naturales.

Los primeros acordes: Menores

Ya hemos visto algunos de ellos durante los ejercicios de los capítulos anteriores. Empezaremos con Mi menor, un acorde que, como los demás de su clase, da un tono melancólico.

Intenta tocarlos de uno en uno y trata de encontrar la posición de tus dedos sin esforzarte.

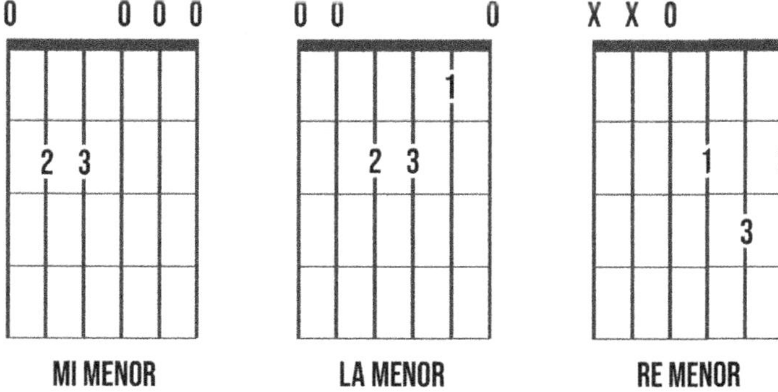

Los primeros acordes: mayores

La sonoridad más común, las posiciones "más fáciles de recordar" se refieren a los acordes que llevan el nombre de cinco de las siete notas naturales; más adelante veremos cómo obtener el acorde de Fa y el acorde de Si, que faltan en esta lista por una razón técnica: el barré.

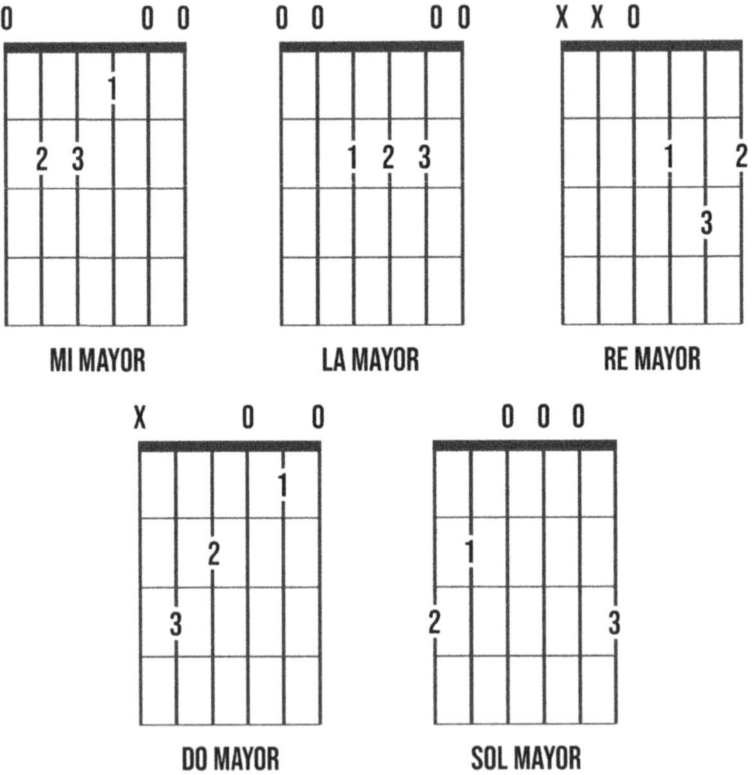

Los primeros acordes: séptima dominante

Característicos del Blues y el Jazz, tienen un sonido complejo y ayudan a estructurar melodías que a veces suenan extrañas, pero también se encuentran como complemento de los giros armónicos más comunes, por lo que son un excelente complemento para nuestro estudio.

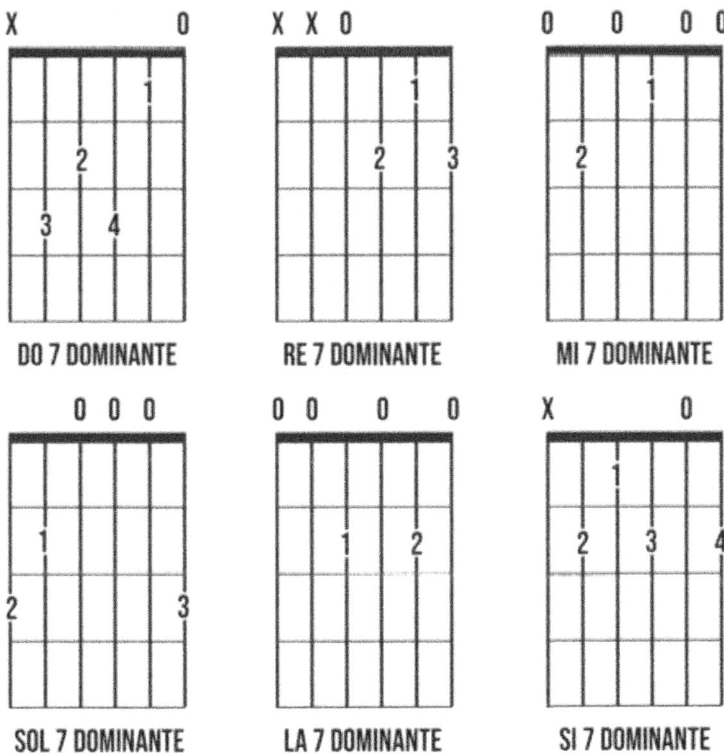

Acordes con barré

El nombre de esta técnica (barrè o barré, es lo mismo) viene del francés para 'barra', 'barrado', y quiere sugerir el hecho de que hay que crear un 'barrè' con el dedo índice que, apoyado completamente en la barra del traste, bloquea las cuerdas en ese punto. La idea básica es crear una cejilla móvil con el dedo, para afinar el sonido de todo el compartimento de la cuerda en el mástil. Las barras son uno de los pasos más difíciles en el camino de un principiante, así que no esperes hacerlos perfectamente en el primer intento. Date tiempo, hazlos todos los días, o al menos tan a menudo como puedas, para construir la memoria muscular adecuada y encontrar la sensibilidad de los dedos para explotar esta técnica.

También es importante que entiendas que el sonido que obtendrás será menos fuerte y con más garra que con los acordes abiertos: es normal, estás forzando al instrumento a mover idealmente la línea de cejilla más a tu derecha.

Obsérvese que esto puede describirse colocando el número del dedo índice (1) en secuencia sobre el traste donde se aplicará el "barrado" o con una línea que sugiera el uso del dedo como cejilla.

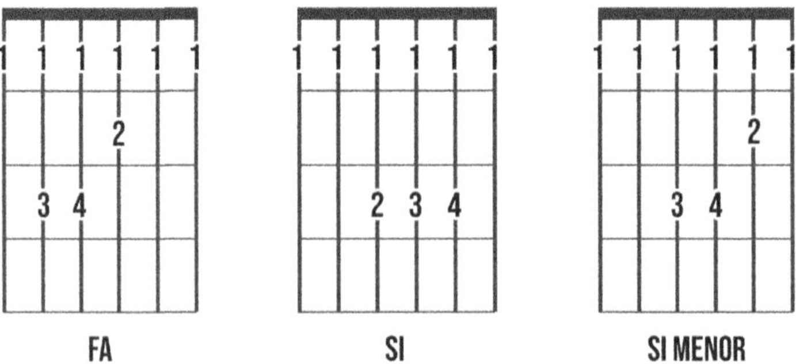

Notas sobre los acordes

Los acordes mayores pueden ir acompañados de una "M" mayúscula, la escritura "mayor" o "maj", pero lo más frecuente es que se escriban sólo con el nombre de la nota tónica.

Los acordes menores, en cambio, llevan el signo "m" en minúscula, o la escritura "menor" o incluso el signo matemático "-".

En cambio, cuando encontramos el signo "+" (alternativamente, la abreviatura "aug" o "aum") o la expresión "dim", estamos respectivamente ante una tríada aumentada o una tríada disminuida.

En los acordes en los que la tercera nota de la escala ha sido "desplazada", o sustituida por la segunda o la cuarta nota, tenemos las palabras 2sus o 4sus, que indican un acorde de segunda o cuarta suspendida.

Los giros armónicos más comunes

Al igual que ocurre con las notas individuales que componen un acorde, los acordes también pueden unirse de forma que resulten más armoniosos cuando se tocan en secuencia.

Esta secuencia, en el caso de las famosas rondas de acordes, o rondas armónicas, implica un acorde mayor, cuya nota tónica da nombre a la ronda, dos acordes menores y un acorde de séptima. Es una gran manera de poner en común todas las nociones y ejercicios estudiados hasta ahora y obtener un repertorio que abra la puerta a la interpretación de canciones. Muchas canciones, de hecho, están compuestas precisamente con estas concatenaciones de acordes en mente; conocerlas será una baza para estudiar con éxito la música, especialmente la contemporánea.

VUELTA DE DO

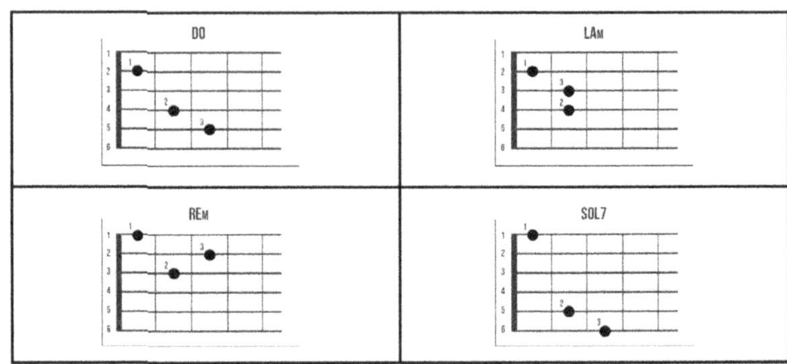

VUELTA DE RE

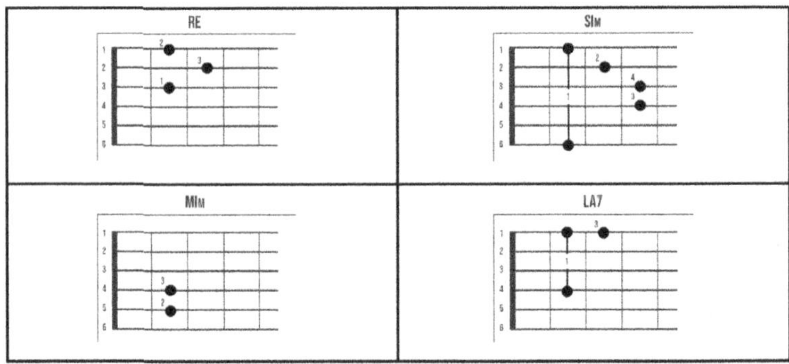

VUELTA DE MI

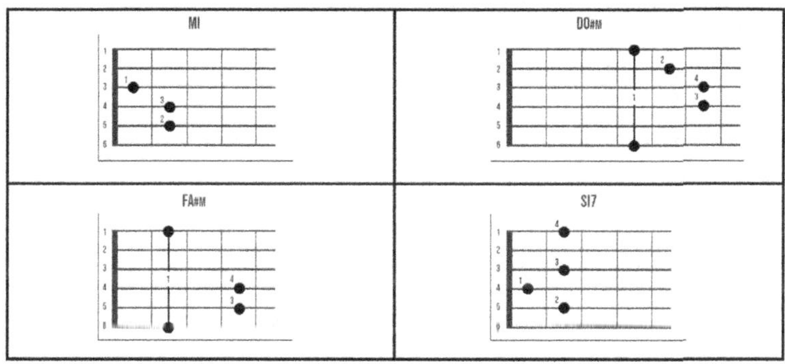

VUELTA DE FA

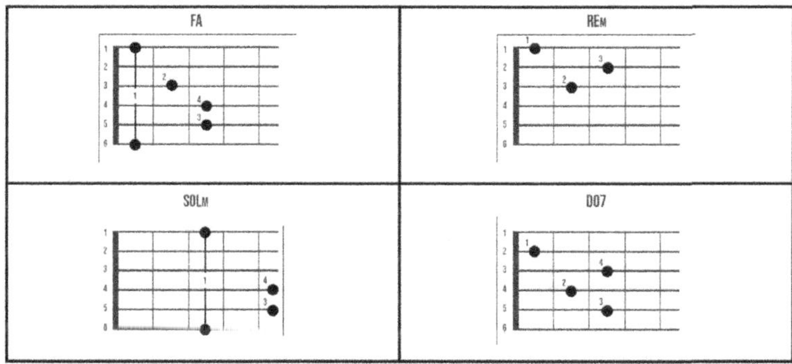

VUELTA DE SOL

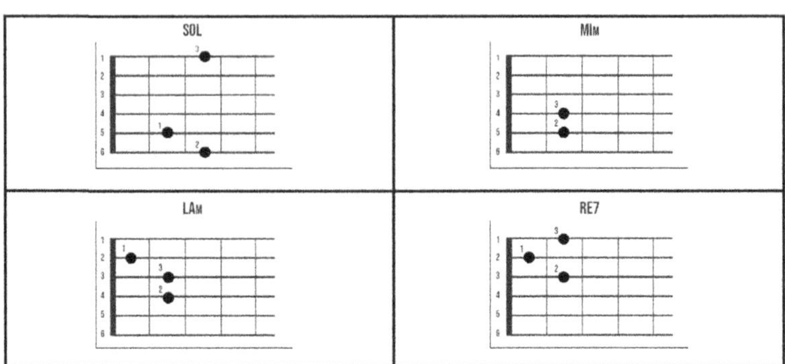

VUELTA DE LA

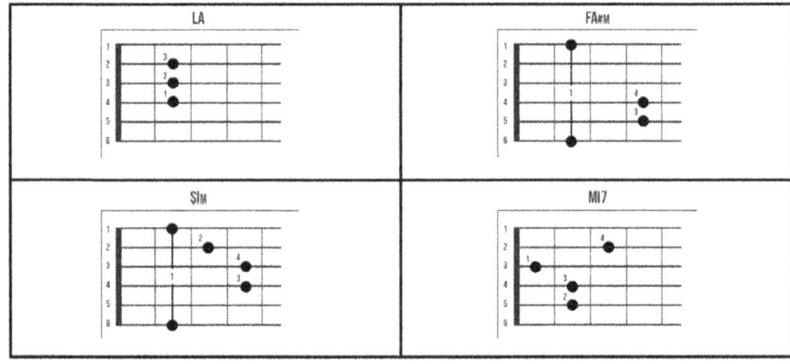

VUELTA DE SI

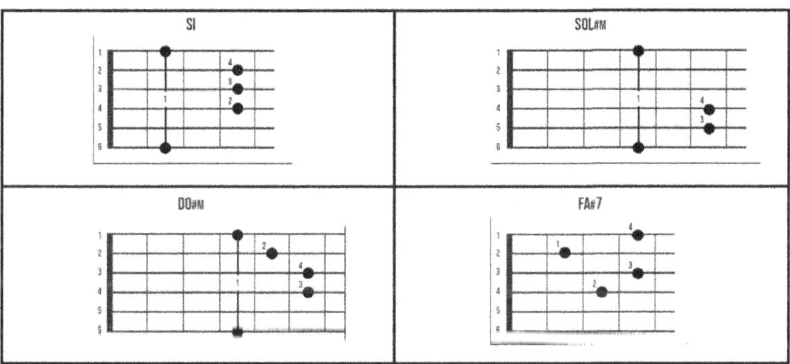

El bicordio: la simplificación

Hemos visto el acorde de potencia, un acorde simplificado basado en una sola nota, su quinta y la misma nota en una octava superior. Veamos ahora esta solución, ciertamente menos "elegante" pero muy práctica, especialmente para la guitarra eléctrica. Su utilidad es indudable, sobre todo en la improvisación, pero (como hemos visto) también es un excelente ejercicio para encontrar notas en el diapasón. Para algunos ni siquiera debe considerarse un verdadero acorde; de hecho puede considerarse uno pero con la tercera suprimida, es decir, sin tocar la nota entre la tónica (la nota fundamental que da nombre al acorde) y la dominante (la quinta).

Método C.A.G.E.D.

Ahora que conocemos los acordes, podemos probar este método de enseñanza en el que dividimos el teclado en cinco partes.

El método C.A.G.E.D. se refiere a las posiciones de los acordes abiertos de las notas C, A, G, E y D (Do, La, Sol, Mi y Re);

"caged" en inglés significa "enjaulado" y podemos pensar que es una estructura fija con un patrón reconocible. Las letras de este acrónimo son las de las notas que forman la tónica de los acordes sin barré. Este método nos enseña a utilizar una serie de posiciones fijas para obtener cualquier nota, acorde o escala en el teclado; hay músicos que, tras aprender esta técnica, afirman haber cambiado su forma de ver su instrumento y haberse beneficiado enormemente de ella, pero la condición fundamental es haber practicado los acordes descritos anteriormente. Ahora tómate un minuto para repasar los acordes que dan nombre a este método y asegúrate de que los has asimilado bien, tocándolos en la posición correcta sin pensar demasiado en ello, luego vuelve a este punto para continuar.

Volviendo a nosotros, a estas alturas ya tienes claro que un acorde sí se puede tocar en su forma fundamental, la de la primera posición, pero sin "aferrarnos" a ellos intentemos salir de la "zona de confort" e imaginemos el siguiente escenario: estás tocando notas a la altura del décimo traste, y luego en la pieza te encuentras con un acorde de Do mayor, y luego de nuevo un fraseo hacia la mitad del mástil. Los dedos tendrían que "correr" por el diapasón y "perseguir" las notas, con el riesgo de confundirse o tocar de forma poco fluida y clara. Lo mejor es trabajar los acordes para la posición más cómoda. Si consideramos las cinco posiciones de las notas en los cinco acordes del acrónimo CAGED, tenemos una solución práctica para todos los tonos del teclado.

Si quisiera tocar el acorde de Do desde un grupo de tonalidades distintas a la que está "enjaulado" de forma natural, simplemente utilizaría el barré y la posición de los otros acordes como se muestra en la siguiente figura:

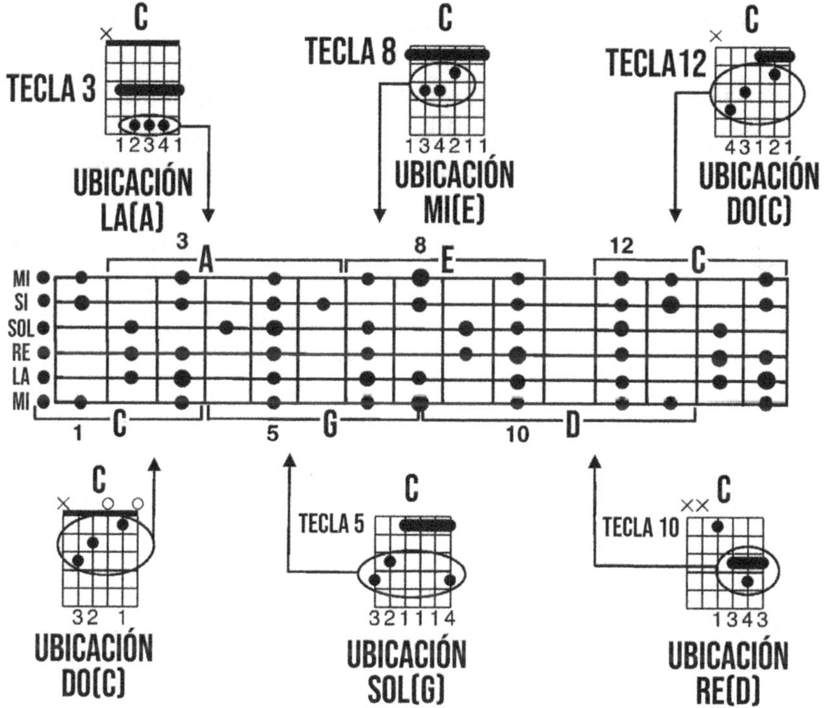

Y así puedo hacer usando las posiciones de los dedos de los cinco acordes abiertos.

Ejercicios rítmicos

Volvamos ahora al concepto de tempo y ritmo. Seguro que has oído hablar de la "guitarra principal" y la "guitarra rítmica" en un grupo. Esto significa que un músico se encarga del virtuosismo, del fraseo, de los "adornos" personalizados de la canción, ocupándose también de los solos, un tipo de secuencia que rellena la melodía básica con articulaciones de notas, a menudo tocadas con velocidad y, por tanto, con gran habilidad; por otro lado, tenemos el pilar de la canción, la sección rítmica, la que da cuerpo a la canción a través de riffs o, más a menudo, con recorridos armónicos de acordes. En un grupo con varios guitarristas, la guitarra rítmica no sólo tiene la tarea de mantener el tema principal de la canción, sino que también debe mantener el ritmo; a veces esta tarea se confía al bajo, pero eso es un asunto aparte. Lo que me gustaría destacar ahora es que todos los instrumentos tienen que mantener el ritmo y a veces puedes centrarte en el trabajo de la guitarra rítmica. Si te has dado cuenta, cuando escuchas algunas canciones, mantienes el ritmo de forma natural con los pies o dando golpecitos con las manos, y a menudo sólo sigues el ritmo de la guitarra, cuyo sonido adictivo la convierte en uno de los instrumentos más estudiados de nuestro tiempo. Muchos grupos de diferentes géneros siguen prefiriendo el 4/4, cuya estructura sencilla e intuitiva permite rellenar los tiempos y seguir el tempo con relativa facilidad.

Ahora, para simplificar al máximo la comprensión del ritmo y ponerlo en práctica con la púa, utilizaremos un sistema fácil de entender: utilizaremos el signo de una flecha descendente para indicar la púa que va hacia abajo, es decir, golpeando las cuerdas de menor a mayor, y el de una flecha ascendente para indicar la púa que va hacia arriba, donde golpearemos primero el acorde de Mi.

Ajusta el metrónomo a un tempo bastante lento y, dejando las cuerdas vacías, toca como sigue:

⇩	⇩	⇩	⇩

Pruébalo durante unos minutos y familiarízate con el concepto de que es la mano derecha la que dicta el ritmo de la canción y la intensidad del sonido, mientras que la izquierda se encarga de las notas y de las relaciones armónicas entre ellas. ¿Pero qué ocurre si "invertimos" el orden de una de las púas? Compruébelo usted mismo tocando las cuerdas de la siguiente manera.

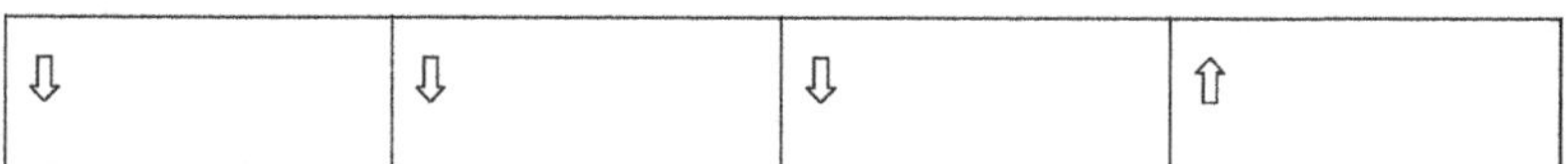

Escuche atentamente la diferencia de sonido: es innegable que hay algo diferente aunque sean las mismas cuerdas. Nuestro objetivo es que las púas ascendentes y descendentes sean indistinguibles entre sí. Intenta ahora tocar sólo con púas ascendentes:

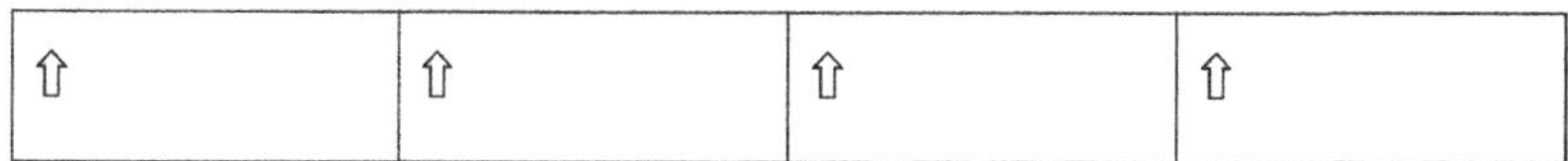

Y ahora usa una púa alterna, (abajo, arriba, abajo y arriba).

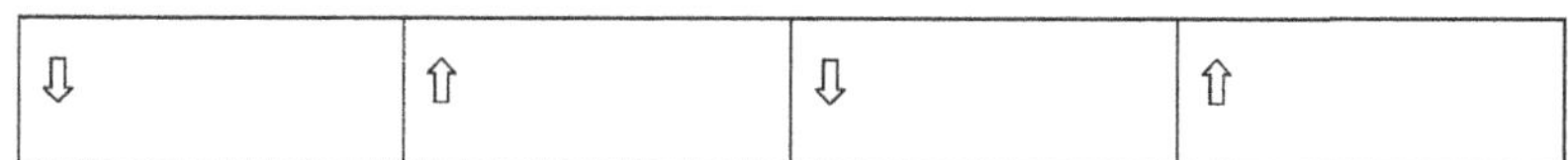

La principal diferencia es que antes la mano, después de dar la púa, tenía que volver a subir y luego dar otra púa, haciendo así dos gestos (tocar y volver a subir), mientras que ahora se puede tocar sin hacer ningún otro movimiento: esto agiliza y facilita el gesto, sobre todo si se aumenta la velocidad del metrónomo.

Intenta hacer los mismos ejercicios, esta vez con el acorde de Do mayor.

⇩	⇩	⇩	⇩

⇩	⇩	⇩	⇧

⇧	⇧	⇧	⇧

⇩	⇧	⇩	⇧

Compliquemos un poco las cosas e introduzcamos pausas: cuando encuentres la caja vacía no tienes que tocar, sino esperar a que el metrónomo marque el tiempo vacío y luego reanudar el ritmo.

⇩			⇧

Prueba también estas variantes:

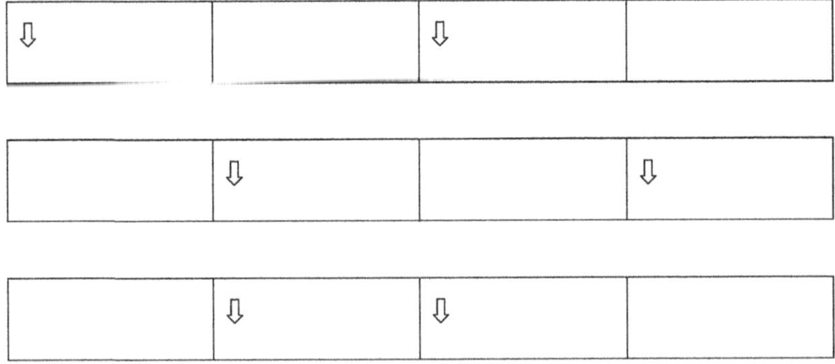

⇩		⇩	

	⇩		⇩

	⇩	⇩	

Ahora utilizaremos una ronda simple de cuatro acordes, la ronda armónica de Do, y tocaremos cada acorde cuatro veces. En lugar de tocar todas las púas descendentes (⇩), pruebe a utilizar púas alternas de la siguiente manera:

Do

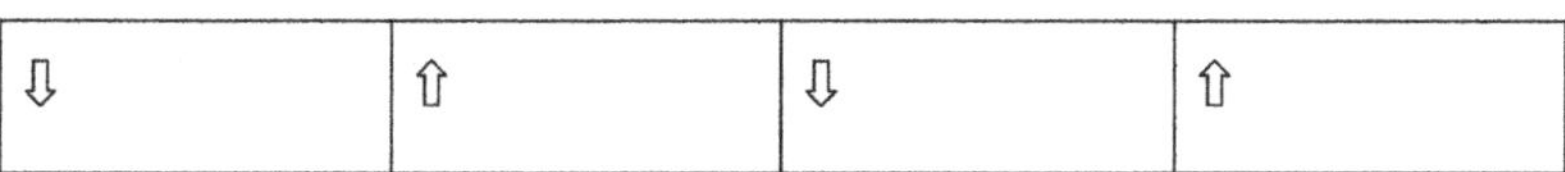

Lam

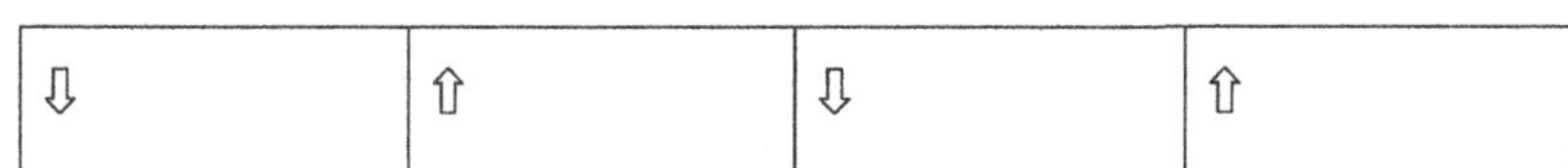

Rem

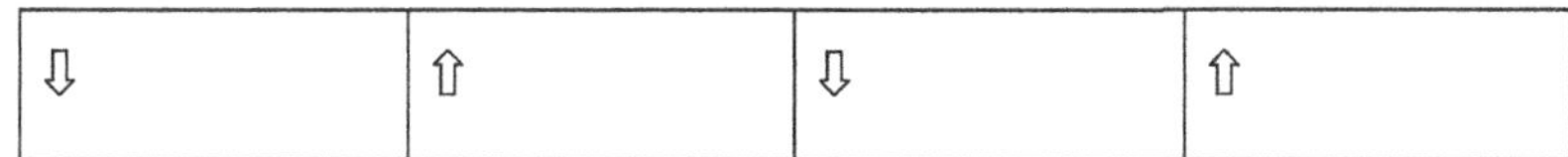

Sol7

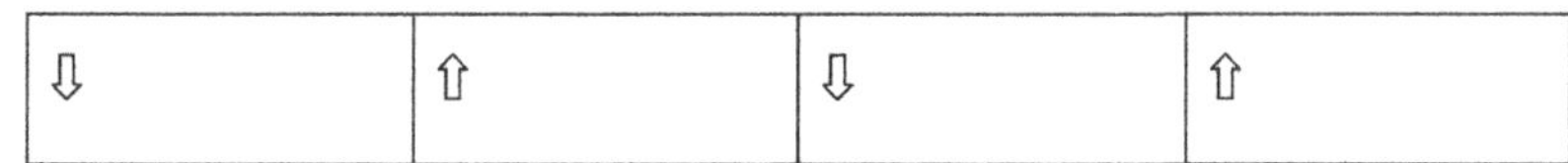

A través de este ejercicio hemos entendido la disposición del tiempo en la actuación, por lo que teniendo en cuenta el tiempo en cuatro cuartos, podemos pensar en llenar cada cuarto con más de un plectro.

De ello se deduce que el turno de Do también se puede jugar así:

Do

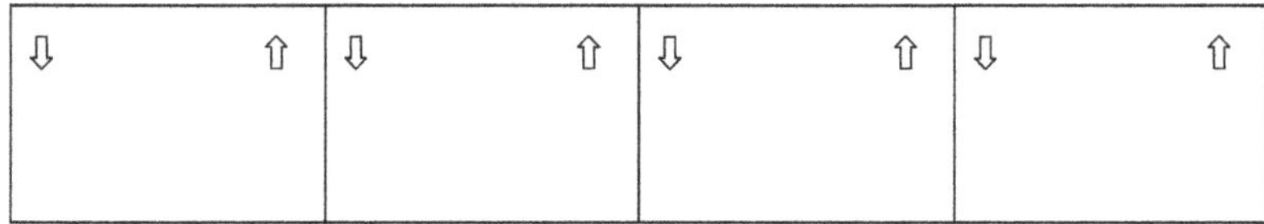

Lam

⇩ ⇧	⇩ ⇧	⇩ ⇧	⇩ ⇧

Rem

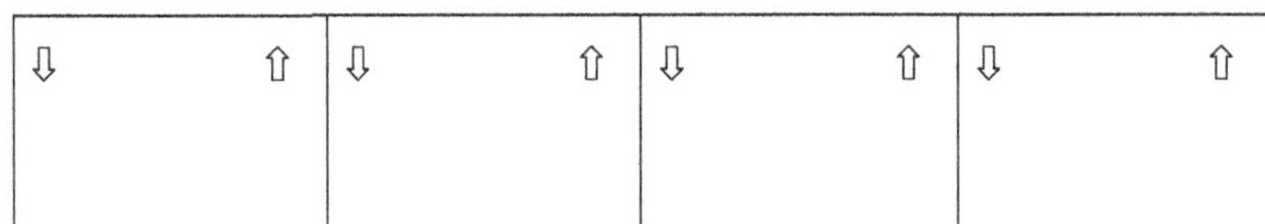

Sol7

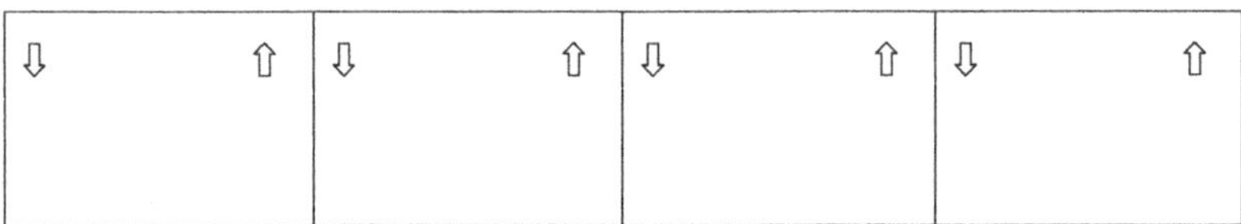

Manteniendo el mismo ritmo en el metrónomo, también podemos insertar otras variaciones que cambien el carácter de la canción, por ejemplo permitiendo que algunos compases tengan sólo una púa y otros dos.

Do

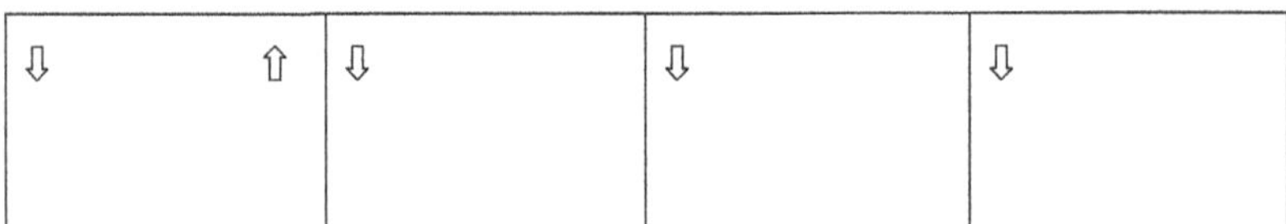

Lam

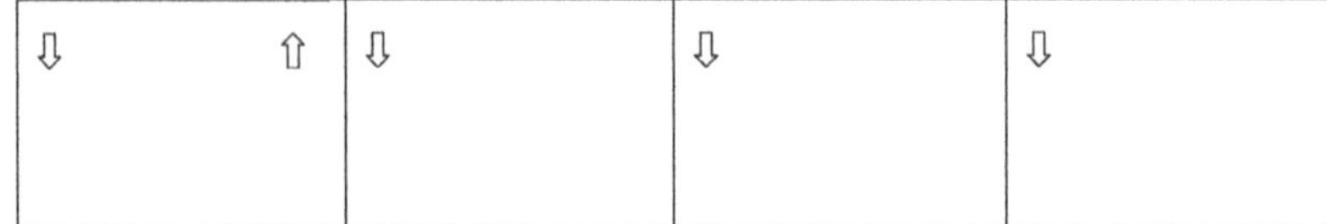

Rem

⇩ ⇧	⇩	⇩	⇩

Sol7

⇩	⇩	⇩	⇩ ⇧

Do

⇩	⇩ ⇧	⇩	⇩ ⇧

Lam

⇩	⇩ ⇧	⇩	⇩ ⇧

Rem

⇩	⇩ ⇧	⇩	⇩ ⇧

Sol7

⇩	⇩ ⇧	⇩	⇩ ⇧

Siempre estamos tocando la misma ronda de acordes y, sin embargo, algo cambia, tiene matices emocionales y estéticos diferentes, y lo mismo puede decirse si añadimos pausas, que pueden crear una especie de expectativa: recuerde que incluso el silencio, si se utiliza intencionadamente y manteniendo el ritmo, comunica y ayuda a sugerir matices.

Do

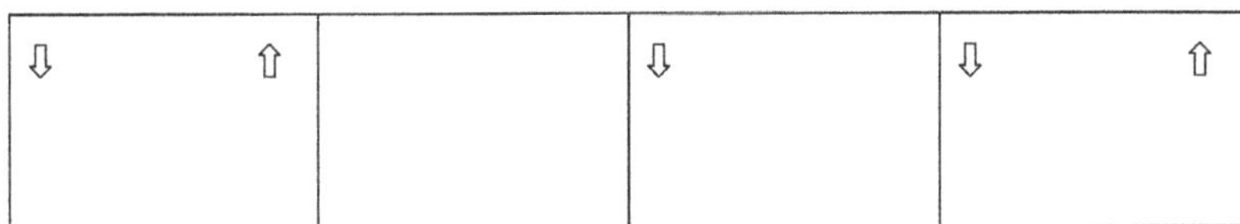

Lam

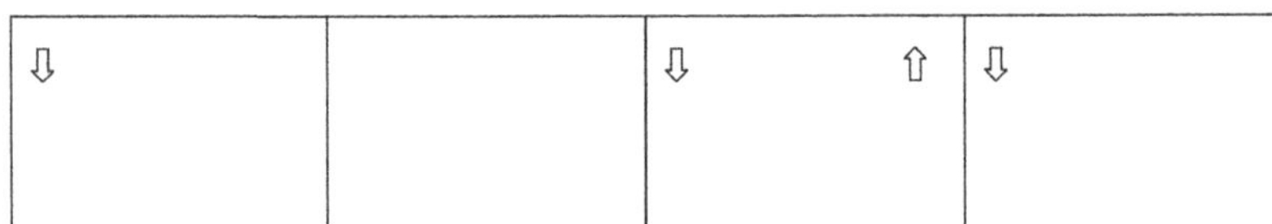

Rem

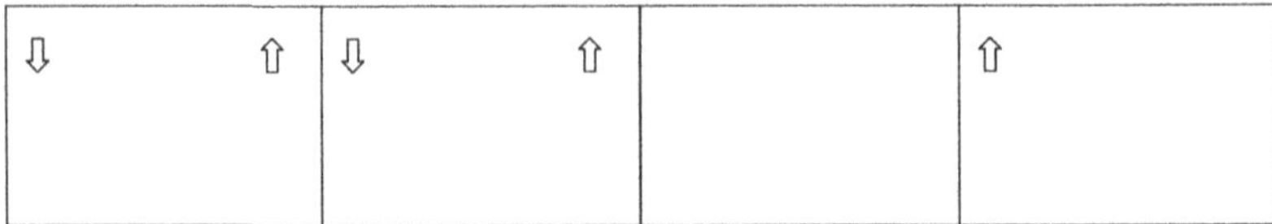

Sol7

⇩ ⇧		⇩	⇩ ⇧

Como ejercicio complementario, utiliza las otras rondas de acordes y pon el metrónomo a la velocidad con la que te sientas cómodo.

CAPÍTULO 7

Técnicas avanzadas de guitarra

Ahora sabemos leer música escrita en dos nomenclaturas, conocemos la teoría musical y hemos desentrañado los intervalos, sabemos tocar diferentes tipos de escalas, podemos encontrar fácilmente cada nota en el teclado sin tener que pensar demasiado, incluso dominamos sistemas con los que podemos crear acordes para cada nota en cualquier posición del teclado.

Las técnicas que siguen se denominan "avanzadas" porque, para dominarlas, es necesario haber entendido las partes anteriores y requieren cierta sensibilidad de los dedos que se adquiere con la práctica, por lo que te aconsejo que las consideres como una meta a alcanzar a medio-largo plazo y que no te desanimes si no las conoces de inmediato: se necesita tiempo para practicar todas las técnicas. Volviendo a un ejemplo que puede animarte, se dice que B. B. King, maestro del virtuosismo del blues, hablando de una canción que iba a tocar con 'The Edge', el guitarrista de la banda U2 (supuestamente un guitarrista mucho menos hábil) dijo 'Mira, tú haces los acordes, yo no puedo hacerlos tan bien'. Tal vez lo dijo por un exceso de modestia, o probablemente el gran hombre del blues, consciente de los días en que aprendía, quiso decir que quería ocuparse de las técnicas que prefería. Aquí, antes de abordar los siguientes ejercicios, recuerda que todos los guitarristas tienen técnicas favoritas y otras en las que han tenido que luchar más:

la curva de aprendizaje no es igual para todos y sólo con la práctica constante se consiguen buenos resultados.

El "Palm muting"

Es uno de los trucos más típicos de los estilos modernos, muy apreciado tanto en géneros de sonido agresivo como el Heavy Metal (donde da un corte que encaja bien con las distorsiones de la guitarra eléctrica) como en otros más ligeros como el Reggae (donde suaviza el sonido y contribuye al ritmo alegre), pero se encuentra ampliamente en todos los demás estilos, incluso en los más antiguos.

La técnica consiste en utilizar la mano que sujeta la púa como una barra para "amortiguar" la vibración de las cuerdas. Así, mientras el dedo índice y el pulgar sujetan la púa y tocan una o varias cuerdas, el borde exterior de la mano, el de la parte del meñique, se acerca a las cuerdas. Lo más difícil de esta operación es comprender la cantidad de fuerza que hay que ejercer en este gesto, de modo que se necesita muy poco para obtener un resultado perceptible, pero incluso una ligera diferencia de presión es suficiente para bloquear las notas en exceso o no amortiguar el sonido en absoluto.

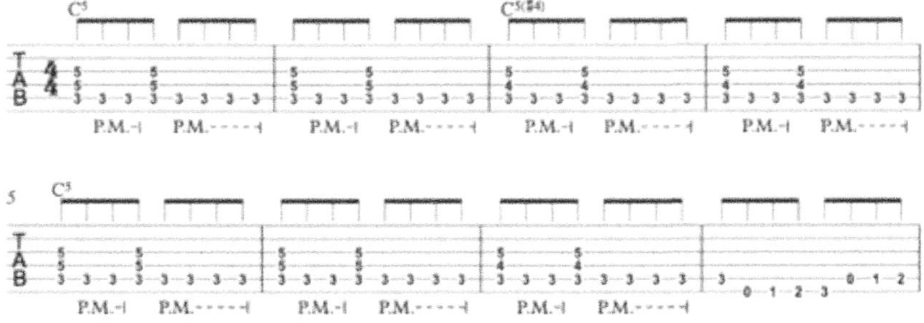

Puedes practicar con el ejercicio de la escala diatónica, pero tocando el Palm muting. También puede decidir arbitrariamente tocarlo una vez cada cuatro notas, y percibir la diferencia entre un sonido con o sin Palm muting.

Es una técnica compleja que requiere habilidad, sensibilidad y, sobre todo, experiencia. No voy a ocultar que hay una diferencia sustancial entre el resultado con la guitarra clásica y la eléctrica. Este último instrumento parece más adecuado y versátil para el Palm muting.

Las notas que se tocan de este modo también se denominan "notas fantasma", que pueden indicarse en el pentagrama o en el tabulador como "x" en el caso de que se emplee el Palm muting, pero también sabemos que a veces la x se utiliza para indicar la cuerda que no se debe tocar. Para evitar cualquier posible malentendido, algunos utilizan sus iniciales, PM.

El "Bending"

Esta es una técnica "famosa" que funciona muy bien en la guitarra eléctrica y es muy utilizada en el Rock y el Blues. Consiste en "tirar" de la cuerda hacia arriba o hacia abajo y, al aumentar la tensión, permite alcanzar una nota más alta con un efecto de matiz que simultáneamente distorsiona la nota. Por ejemplo: presionando una cuerda de La en Mi cantino, haciendo vibrar la cuerda con la púa (esta técnica es más fácil con las cuerdas más finas) y forzándola a deslizarse hacia arriba, tenderá hacia el sonido de La ♯.

Intente interpretar la flexión como se muestra aquí:

En cualquier caso, puedes intentar memorizar el sonido de las notas tocando cuatro notas consecutivas de una escala cromática (por ejemplo, Fa, Fa ♯, Sol, Sol ♯ dc la cantinela de Mi) y cuando llegues al cuarto traste, tirar para encontrar la nota del quinto o sexto traste.

El “Slide”

Esta es una técnica que parece muy sencilla, pero que en realidad necesita un poco de atención. Se adapta a cualquier tipo de guitarra, permite jugar con el sonido y da muchas satisfacciones incluso a los principiantes. Existe un accesorio especial para tocar toboganes, como vimos en la introducción, pero ahora nos limitaremos a usar los dedos libres.

Como sugiere el nombre de esta técnica, hay que deslizar el dedo desde una posición, por ejemplo el quinto traste de la tercera cuerda, hacia otro traste, manteniendo la vibración dada con la púa, yendo en dirección ascendente (hacia el bombo, con un sonido más agudo) o en dirección descendente (hacia el clavijero, con un sonido más grave).

En una tablatura o partitura, la diapositiva aparece como en la siguiente imagen:

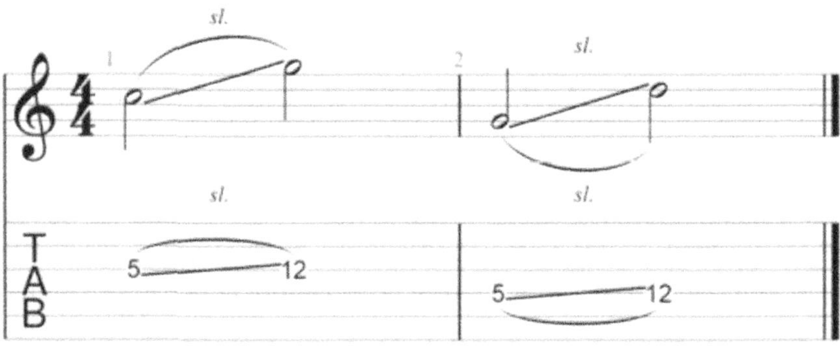

Puede indicarse con una letra H en un ligado de valor entre dos notas en la partitura o como dos P en las que se distinguen dos notas del mismo pasaje. Ahora trata de interpretarlo: empezando en el tercer traste de cada cuerda, intenta bajar y subir dos trastes. A continuación, intente aumentar la amplitud de la acción empezando por el quinto traste y subiendo hasta el noveno traste o hasta la cejilla.

El 'Pull off' y el 'Hammer on'

Se trata de dos técnicas que limitan el uso de la mano derecha y enfatizan el de la izquierda. Requieren cierta destreza, pero no son excesivamente complejos. Lo que subyace al pull off y al hammer on es el principio de que incluso la mano que presiona los trastes del mástil puede conseguir un sonido en las cuerdas, en el primer caso con la ayuda de una púa, en el segundo intentando no utilizar la mano derecha. Ambos se representan a menudo con una ligadura y/o con las mismas indicaciones que la flexión.

El "pull off" se consigue "tirando" de la cuerda sobre la que se ha ejecutado la púa y, utilizando esta vibración adicional impartida con la mano izquierda, se siguen obteniendo notas de la misma cuerda.

El hammer on, en cambio, es un "martilleo" de los dedos para golpear la cuerda sin ayuda de la púa, una técnica que tiene algo de teatral pero que requiere una gran destreza y coordinación de la mano izquierda.

Una colección de acordes de guitarra

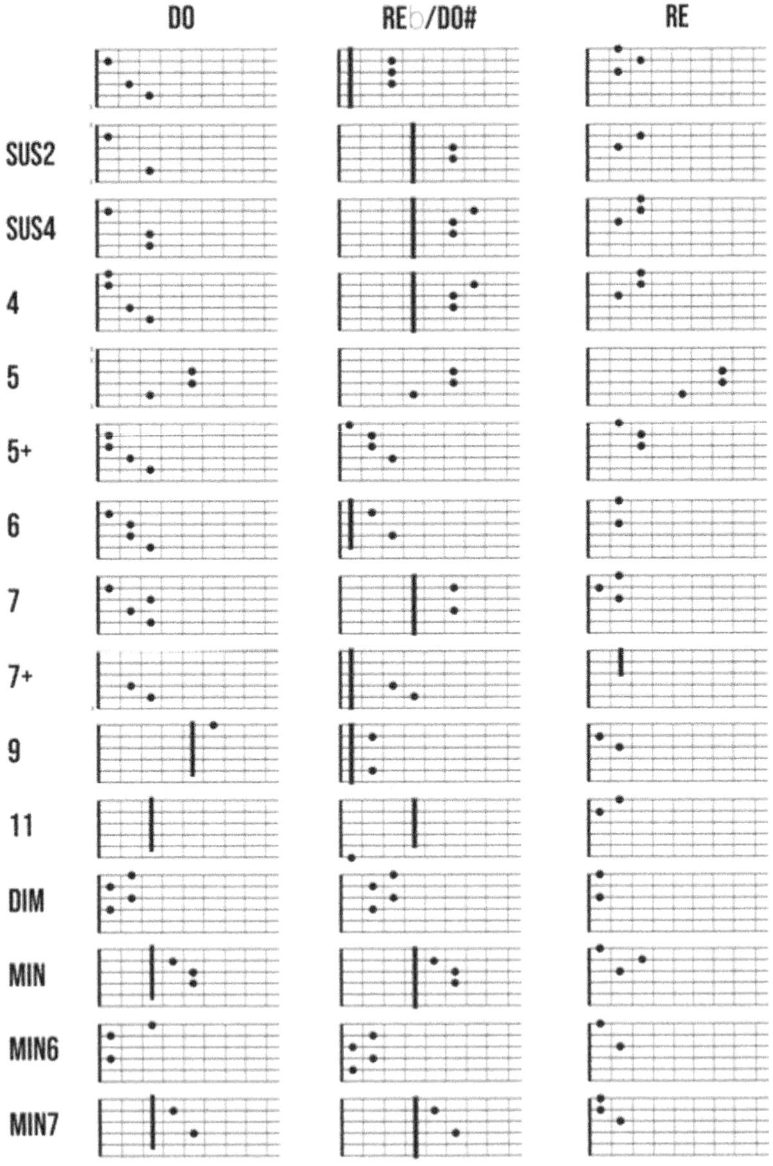

	DO	RE♭/DO#	RE
SUS2			
SUS4			
4			
5			
5+			
6			
7			
7+			
9			
11			
DIM			
MIN			
MIN6			
MIN7			

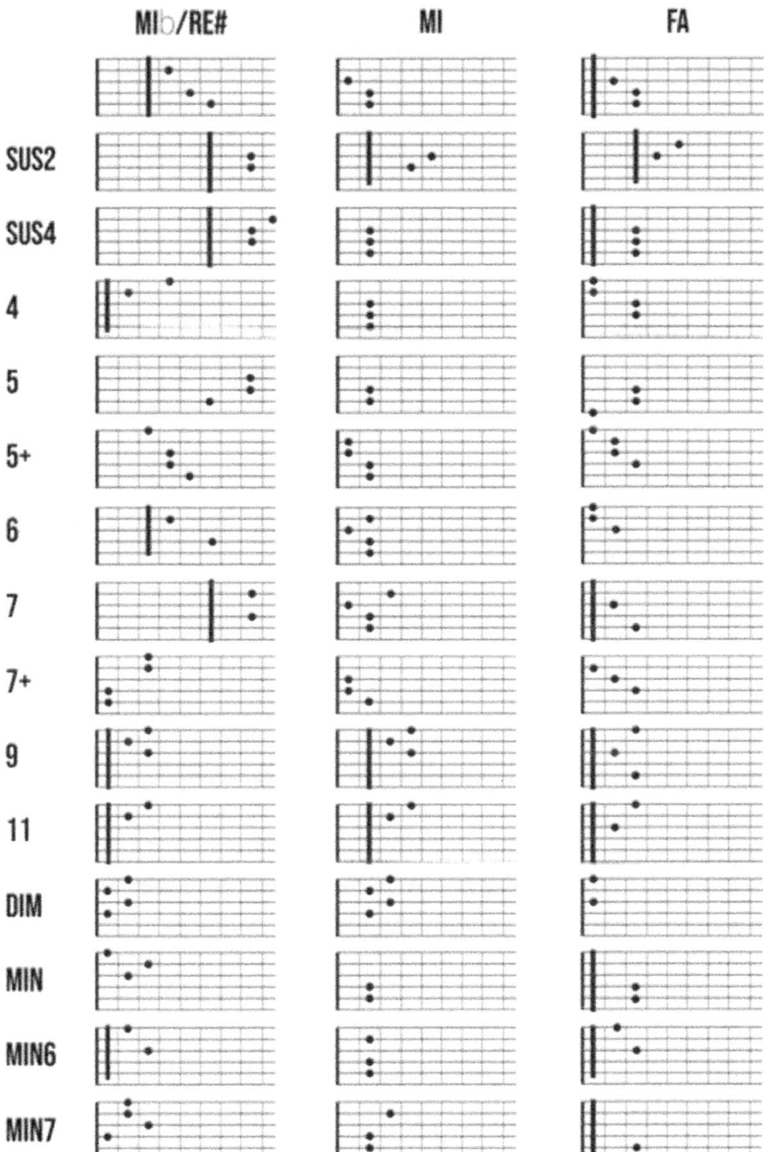

MI♭/RE#
MI
FA
SUS2
SUS4
4
5
5+
6
7
7+
9
11
DIM
MIN
MIN6
MIN7

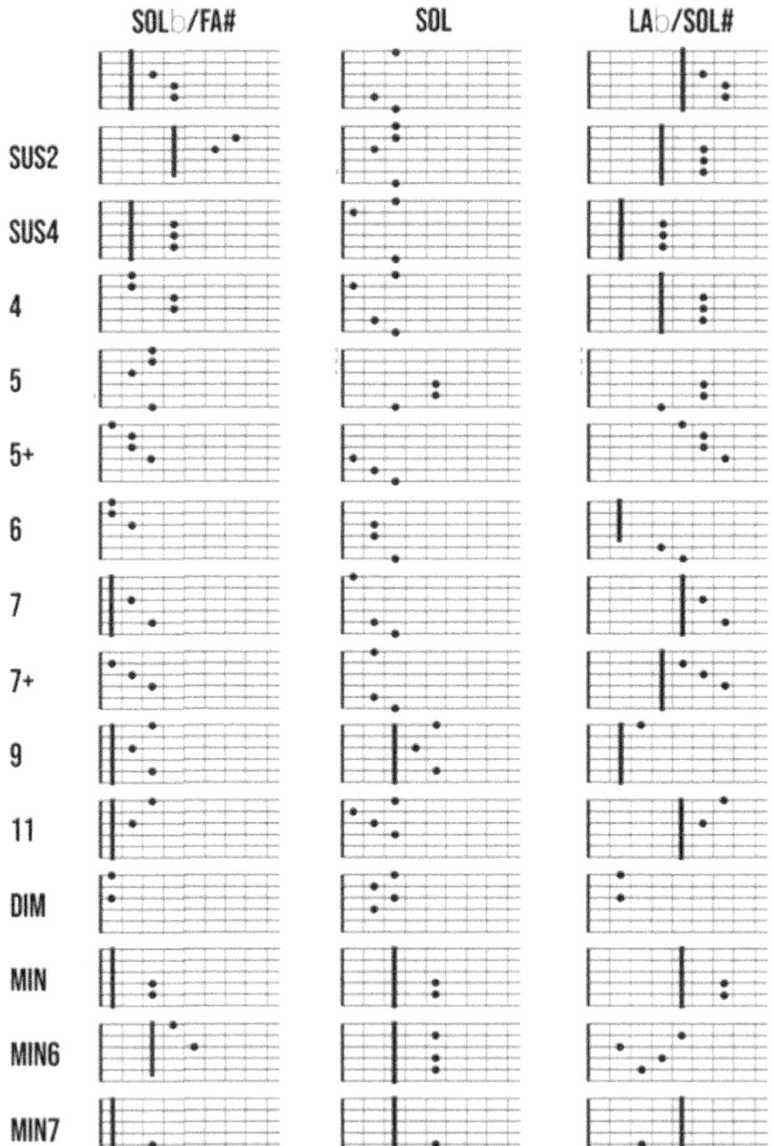
SOL♭/FA#
SOL
LA♭/SOL#
SUS2
SUS4
4
5
5+
6
7
7+
9
11
DIM
MIN
MIN6
MIN7

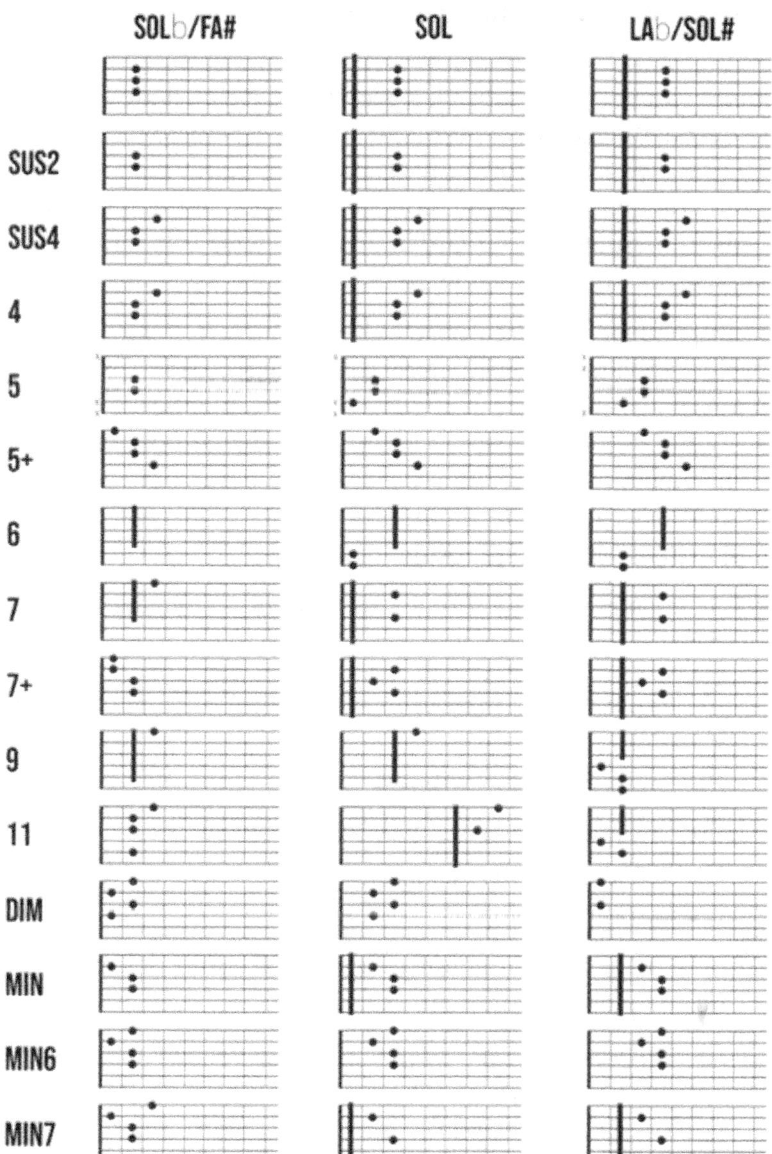
SOL♭/FA#
SOL
LA♭/SOL#
SUS2
SUS4
4
5
5+
6
7
7+
9
11
DIM
MIN
MIN6
MIN7

Practicar canciones: ¿tocar o acompañar?

¡Estamos a punto de probar las primeras canciones de verdad con la guitarra! Llegados a este punto, tienes las nociones tanto para leer una partitura de forma independiente como para interpretar una tablatura correctamente, conoces un buen número de técnicas básicas e intermedias que tardan en entenderse e incorporarse sin problemas a la interpretación de una canción.

Hay un pequeño y último obstáculo que suele generar frustración en los principiantes: imaginemos que hemos cogido fichas de una canción de un grupo que nos gusta y hemos practicado con cierto éxito. Para mejorar nuestro rendimiento, decidimos reproducirlo con la canción en cuestión de fondo. La canción que hemos estudiado detenidamente durante unos días y que parecía que ya dominábamos, de repente resulta diferente.

Que no cunda el pánico! Hay varias razones detrás de esta extraña disonancia:

- El tempo que practicamos es diferente al de la canción original;
- El sonido de la guitarra fue modificado con efectos personalizados por el guitarrista en cuestión;
- La acústica de la canción se afinó en un estudio de grabación profesional;
- Hay pequeñas variaciones debidas al estilo del músico que no se recogen en la ficha escrita;
- La tablatura es una adaptación que recoge el giro o riff básico de la canción y el estribillo, pero en la canción el guitarrista profesional interpreta algo más rico. La adaptación es un buen compromiso para tocar la canción en casa de forma independiente, pero no es idéntica al original;
- El impacto sonoro de todos los instrumentos en una banda es completamente diferente de lo que puedes conseguir en casa solo, incluso con una buena guitarra. Hay algunas

canciones que "funcionan", que suenan especialmente bien, cuando todos los miembros tocan al unísono, mientras que tú en este momento sólo te ocupas de la parte de la guitarra, quizá adaptada para que la toque un principiante: no te desanimes y sigue estudiando y añadiendo experiencia a tu bagaje

Las tablaturas que te presentamos a continuación son bastante sencillas y verás que con un poco de práctica podrás hacerlas tuyas. Recuerda que tu objetivo, al menos por ahora, no es tocar "exactamente como lo hace el guitarrista", sino entender cómo está estructurada la canción y cómo puedes reproducirla. Con el tiempo podrás entender los matices sonoros con los que hacer que tu interpretación se parezca a la original.

Tab cancion 1

(OH, MY DARLING) CLEMENTINE

WORDS AND MUSIC BY PERCY MONTROSE

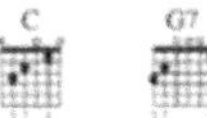

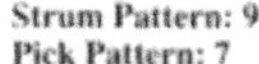

Tab cancion 2

ADESTE FIDELES

CHITARRA

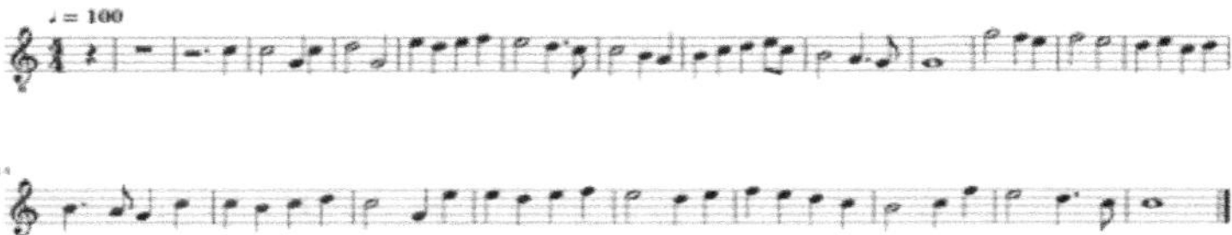

Tab cancion 3

JINGLE BELLS

A DUE CHITARRE

JINGLE BELLS

CHITARRA 1

JINGLE BELLS

CHITARRA 1

Tab cancion 4

ROMANZA IN FA MAGG. OP. 50

CHITARRA 1

L. VAN BEETHOVEN

ROMANZA IN FA MAGG. OP. 50

CHITARRA 2

L. VAN BEETHOVEN

CONCLUSIONES

Llegados a este punto, sólo me queda felicitarle por haber realizado su primera experiencia musical o por haber completado una sesión de revisión completa. En cualquier caso, lo que le aconsejaría ahora es estructurar una rutina, a ser posible diaria, en la que tenga que sacar algo de tiempo (aunque sea media hora) y repetir los ejercicios que le han propuesto. Intenta utilizar la mentalidad de que practicar la guitarra es como practicar un deporte para ir mejorando: nadie gana una medalla olímpica al primer intento, se necesita paciencia, perseverancia y también un poco de conciencia, así que no seas demasiado duro contigo mismo si no tienes éxito inmediatamente en un pasaje o una posición. Te aseguro que la única manera de progresar es hacer algunos ejercicios todos los días, y para un mejor calentamiento intenta utilizar los ejemplos más fáciles y poco a poco ir añadiendo otros más complejos, completando la sesión con una canción. Los ejercicios te ayudarán a aflojar las articulaciones de los dedos, a tener más confianza y precisión en los gestos y a imprimir una memoria muscular que facilitará tus movimientos sobre las cuerdas. Podrás controlar tus progresos simplemente probando nuevas melodías: vivimos en una época maravillosa en la que basta con una conexión a Internet para acceder a contenidos multimedia, lecciones de vídeo gratuitas en las redes sociales y bibliotecas enteras de pestañas para consultar, así como pistas de acompañamiento y ritmos de canciones famosas.

Lo más importante que puedes recordar es que estos ejercicios tienen un propósito: divertirse. Está muy bien tener grandes ambiciones, puedes pensar en empezar a tocar y, si las cosas van bien, imaginar una carrera, pero lo cierto es que la guitarra, una vez asimiladas sus particularidades y sus reglas, te permite pasarlo muy bien, tanto solo como en compañía. Merece la pena el gasto de un instrumento, y te prometo que una vez que le cojas el tranquillo seguirás practicando y tocando con gusto. Ya después de unas semanas notarás cambios, algunos movimientos se volverán más naturales y en general tendrás más confianza para impartir energía en tus gestos, consiguiendo sonidos cada vez más definidos.

Intenta fijarte un objetivo, como por ejemplo tocar una pieza determinada que te guste. Probablemente no lo consigas a la primera, es normal, pero verás que a través de ejercicios y pasos intermedios (como piezas en tablatura que son un poco más fáciles) conseguirás los resultados que te propones. El estudio de la música es un viaje continuo, cada canción que puedas tocar es un peldaño que te permitirá abarcar más y más y ampliar tu experiencia.

Permíteme que te repita que, si tienes la oportunidad, contactes con un profesor de música con el que puedas mejorar los detalles que se te escapan al principio del estudio del instrumento, pero que pueden ayudarte a hacer mucho menos esfuerzo y conseguir mejores resultados en menos tiempo.

Como último consejo, te repito que cuides tus dedos y tu postura de forma constante: no "chasquees" tus articulaciones. Muchos, cuando sienten que sus dedos están bajo tensión, tienen la tentación de hacerlos "crujir", exponiendo los ligamentos a una tensión que no debe subestimarse. Más bien, cuando lo necesites, relaja las manos, sacude ligeramente los brazos, dejando los dedos suaves y sin tensión, intenta estirar las manos y las muñecas. Puedes probar a ponerte de pie y mantener el brazo extendido delante de ti, con la muñeca doblada hacia abajo, y presionar ligeramente en la espalda con la otra mano, y repetir manteniendo las puntas de los dedos hacia arriba. Cuando practiques, debes planificar los descansos y evitar permanecer más de cuarenta y cinco minutos o una hora en la misma posición.

A veces, cuando estás muy concentrado, tiendes a descuidar las tensiones y los dolores: si te das cuenta de que se está desarrollando una de estas condiciones, detente inmediatamente y relaja las manos, los hombros y la espalda.

Sólo me queda desearles que tengan buena práctica y que disfruten.

Made in the USA
Coppell, TX
19 March 2025